酷MA萌的秘密

日本熊本县政府酷 MA 萌团队　编

陈榕榕　译

北京出版集团公司

北京出版社

目录

第二章　酷 MA 萌在不断进化

第一部分

酷MA萌关西战略的秘密

熊本县政府酷MA萌团队关西部队

* 为了增强本书的娱乐性，
   在第一部分中除注解外还添加了不少有趣的说
   明。望提前知晓。

- - - - - - - - - - -

*日本的行政级别分为国家级、县级、市级、町级、村级（县级高于市级）。
*日本的县知事相当于中国的省长。

第一章

不宣传熊本的宣传战略

我要成为日本第一的熊类吉祥物

2011 年 11 月 27 日，埼玉县羽生市举办了"羽生吉祥物峰会"（吉祥物峰会协会主办），会上公布了"2011年吉祥物大赛"的最终结果，熊本县政府营业部长酷 MA 萌荣获第一。

作为 2010 年 3 月刚出生的一个地方级吉祥物，酷 MA 萌之所以能在全国大赛上夺冠，全靠熊本县政府精英部队酷 MA 萌团队在小山薰堂师傅的指导下夜以继日、坚持不懈的努力。

*才刚开个头就要附加说明了（汗）。其实根本不存在"熊本县政府精英部队酷 MA 萌团队"！本书的作者"酷 MA 萌团队"，实际上不过是由多个科室的负责人共同组成的松散组织，也就是所谓"没出息的地方公务员团体酷 MA 萌和有趣的朋友们"。

也许有人会说："不就是个吉祥物大赛嘛！"此言差矣！这次大赛全国共有 350 个吉祥物参赛，可谓日本吉祥物界规模最大的一次超级盛典，也是继"酷日本"之后掀起的又一大热潮。虽然只是吉祥物大赛的冠军，但对我们酷 MA 萌团队来说这是最珍贵的一个头衔。

酷 MA 萌本人说："我要成为日本第一的熊类吉祥物。"

还限定了熊类吉祥物，该说他有想法呢，还是没斗志呢……

酷 MA 萌团队的本意是求稳，不对，是打倒彦根猫[①]！我们不仅要成为熊类吉祥物的第一，还要称霸整个吉祥物界。但是酷 MA 萌本人一点儿紧迫感也没有，真

----

① 彦根猫，又称彦根喵，是日本滋贺县彦根城在 2006 年为纪念建城 400 年而创造出来的地区吉祥物，在日本人气很高。——编者注

让人担心……

很遗憾这次彦根猫没有参赛，所以没能和它一决高下，但是酷MA萌团队会瞄准时机，打好这场漫长的吉祥物大战。

△ 凯旋后在熊本县政府拍的纪念照◎宫井正树

我想变得比知事更有名

酷MA萌团队成立于2010年春天，是以"酷MA萌和有趣的朋友们"为基础组建的，绝不是什么精英部队。

"明年春天九州新干线就要全线通车啦！"虽然一直这么说，但大家都觉得还很遥远。在哈欠连天的战略会议上，丝毫没有事到临头的感觉，也没人知道还有吉祥物大赛这回事。但当看到别动部队已经开始在县内宣传"熊本惊喜"时，负责关西地区推广工作的酷MA萌团队也坐不住了。新干线全线通车后从熊本到大阪最快只需要2小时59分钟。为了尽可能地提高"熊本"在大城市大阪的知名度，酷MA萌团队一天到晚不停地开会讨论。当然酷MA萌也一起参加了会议。

"吉祥物一般都是在本地活动的吧。彦根猫也是以彦根城为中心活动的，而我们的酷MA萌却要离开本土开展活动。这在吉祥物中不是很罕见吗？"

"离开家乡进行的活动……而且还是长期的……"

"就是所谓大逃杀吗？就像夏季甲子园①的时候，阪神老虎队在全国各地奋战……"

"这不是很好吗？"

"大逃杀？"

"不对不对，我说的是阪神老虎队！甲子园哟，甲子园。说起大阪都会联想到阪神老虎队，而说起阪神老虎队又会联想到甲子园，就好比圣地一样的地方。让我们先攻下那里吧。顺便纠正一下，用现在的说法应该叫'夏

① 夏季甲子园即日本全国高中棒球联赛。——译者注

日大作战'，'大逃杀'什么的太老土了。"

"我记得甲子园不是在大阪，而是在兵库县吧……"类似这样的声音被完全淹没了。

"阪神老虎队平常会在主赛场举办比赛，春夏时节高中棒球少年们会在阪神甲子园球场上展开酣战。要是我们能在阪神甲子园球场宣传酷MA萌的话，一定会一举成名的……"

酷MA萌信誓旦旦地说："我想变得比知事更有名。"

"这样是不是太厚脸皮了……"类似这样的顾虑也被完全无视了。

"酷MA萌真的要在开球式上作为投手出场吗？"

"不对不对，酷MA萌应该穿着黄色的法被站在一垒旁的阿尔卑斯看台上和球迷们一起合唱《六甲山之风》！"酷MA萌团队已经自顾自地热烈讨论起来了。

于是，酷MA萌团队立刻联系球场办事处并发表了一番慷慨陈词，但对方却冷淡地回应说："酷MA萌？那是啥？不是熊吗？……哎呀，那我们说点儿实际的吧，平常广告牌挤都挤不下，但现在球场内刚好还有一块广告牌的空位，要不要在那里展出你们的酷MA萌呢？"

确实，酷MA萌现在还只是个籍籍无名的吉祥物。

这个时候，酷MA萌团队只能先回归现实，考虑接受球场方面的提议。

"酷MA萌可是登上过阪神甲子园球场内广告牌的吉祥物，地位非同一般。这不就是小山薰堂所说的'品牌化'吗？这个策划可以和'铃木家的咖喱'相媲美……"即使成员们对小山薰堂的书一知半解，但也懂得这个道理。为了先让酷MA萌混个脸熟，酷MA萌团队在阪神甲子园球场里展出了酷MA萌的广告牌。

▶　　*关于"铃木家的咖喱"，请阅读小山薰堂所著的《太可惜了——不景气中涌现的好创意》(幻冬舍新书)，读过该书后再来阅读本书，更能体会其中妙趣。

在甲子园球场内设置广告牌是酷MA萌进军大阪，进而进军全国的第一步。

后来我们才知道，甲子园球场的广告牌间很少会有空位，而且也是第一次有地方政府为吉祥物打广告，所以我们非常幸运地开了一个好头。

不管怎样，经过和球场的一番交涉，2010年6月29日，我们在一垒旁边的阿尔卑斯看台上设置了酷MA萌的广告牌。

　　广告牌以阪神老虎队标志性的黄色为背景，上面画有威风凛凛的酷MA萌卡通全身立像和一个很小的熊本商标。这样的广告牌共设置了两块，我们还在两块广告牌之间加了一块"欢迎乘坐新干线来熊本"的牌子，时刻不忘展现酷MA萌作为公务员履行公职的形象。

　　这一年，在夏季的全国高中硬式棒球选拔大赛上，熊本县政府代表队九州学院进入了半决赛。县代表队的精彩表现不用说也有酷MA萌的一份功劳。

△ 甲子园球场内的酷MA萌卡通全身立像广告牌

＊又要特别说明一下了。这时，即使在熊本县政府内酷MA萌也鲜为人知。九州学院的选手们虽然在出征前的誓师大会上从兵谷副知事那里接过了"酷MA萌金属徽章"和"酷MA萌毛巾"，但不知道他们知不知道酷MA萌，对酷MA萌又有多少了解……虽然我就在现场……但是实在不好说。

有时小孩子会怕我

第一步——也就是在甲子园球场里设置广告牌——进展得非常顺利。酷MA萌团队开始开会讨论以后在大阪的发展。

"'熊本惊喜吉祥物酷MA萌'这个名字会不会太长了点儿？"

"'熊本惊喜'这个概念本身就不好理解。"

"解释一下不就好了吗？以九州新干线全线开通为契机，熊本县政府真诚地欢迎……"

"谁也不会听的吧。因为在大阪人看来，熊本县政府不过是日本47个都道府县的其中之一。"

"而且很多人都以为新干线已经开通到鹿儿岛了。"

"还有人不知道新干线是经过熊本还是经过大分。"

"不，更让人懊恼的是大家对此根本不关心。"

"以前，我们在大阪市内某项体育比赛的会场上分发熊本县政府的观光宣传册，要是不附上一颗糖的话谁也不会拿的。而且就算附上糖以后，人们也只是把糖拿走，然后随手把宣传册丢进垃圾桶。只有极少一部分人会对宣传册感兴趣，他们要么本来就是熊本县政府的人，要么就是近期想来熊本的。"

"但是由酷 MA 萌来发和由工作人员来发，效果应该会不一样吧？"

"但是，说到底还是政府的宣传行为，大家都心知肚明，最多只会说一句'来为熊本县政府做宣传了呀，要加油哦'。"

"……"

"那就采取分段广告的方式吧。"

"？？？"

"这是广告界的一种广告手法，一开始先不提供商品的全部信息，从而引起消费者的兴趣和注意。比如，有的家用汽车广告，只发布了汽车的性能和出售日，却隐去了最重要的款式信息。"

"也就是说，刚开始先不要急着宣传熊本，而是让大家先知道酷 MA 萌的存在。"

"让酷 MA 萌这样一个来历不明的吉祥物在大阪市内各地出没，制造一个类似都市传说那样的话题，等到大家差不多都知道了，再表明身份。"

"好极了！"

在之后的会议上"好极了！"这句话频繁出现，团队领导也赞不绝口并通过了这个提案。行动方案就此敲定。

基于这个提案，我们计划一开始尽可能地去除熊本的地域特征，先让酷 MA 萌这个吉祥物成为大阪红人。

这就是"酷 MA 萌'神出鬼没'大作战"的开端。

2010 年 9 月 1 日，这个将近两米的庞然大物第一次出现在大阪市中央公会堂前。

当时的博客上写道："酷 MA 萌在公会堂的周围溜达，这时刚好幼儿园放学了，回家的孩子们都围了过来！酷 MA 萌使出浑身解数逗孩子们开心，但是孩子们一点儿也不买账。"

酷 MA 萌本人说："有时小孩子会怕我。"

△ 酷MA萌孤零零地坐在大阪市中央公会堂前

你只是还没有学会逗孩子的技巧，继续努力就好了嘛……酷MA萌团队本来是想用大阪话来安慰他的，结果自己好像也还没掌握说大阪话的技巧……

这是后话了，2010年10月开始发放的"酷MA萌名片"在一片好评声中分发完毕了（关于名片战略，之后会详细介绍）。借着大好形势，我们原本准备制作"酷MA萌和县内观光景点"的交换卡开展第二轮活动。和小山薰堂说了这个想法后，他提醒道："加入县内观光景点的话行政色彩太浓了，会招人讨厌的。"经过反省我们意识到这样确实太贪心了，于是果断放弃了交换卡计划，并再次明确了行动方针，即先不急于宣传熊本，而是让酷MA萌先在大阪出道。

一开始大家都围在我身边

之后，在OCAT、ATC（大阪好像有很多使用英文名的建筑，比如WTC、USJ……）、华美达酒店、道顿堀商业街、服部绿地等地，与其说是街头宣传，不如说酷MA萌只是在那里转来转去（笑）。但不管怎么说，他总算是在人生地不熟的大阪较为顺利地开始出没了。

虽然第一天只是在那里转来转去，但是渐渐地酷MA萌和周围的交流也多起来了。比如，给搞笑直播节目的揽客宣传搭把手，并接受揽客大哥的正宗大阪式吐槽洗礼，搭讪ATC消费者中心的吉祥物小要，和大阪府公园协会的吉祥物公园君成为好朋友……虽然酷MA萌仍是个没有完全褪去行政色彩的吉祥物……

△ 熊本熊和公园君

　　但事实上，为了让酷MA萌顺利地神出鬼没，酷MA萌团队一直在背后默默地努力着。

　　遗憾的是，当时日本吉祥物的权利（通称吉祥物权）非常有限，没有许可甚至不能在公路上行走。

　　后来，吉祥物峰会协会向全国的吉祥物发出号召："吉祥物也需要人权！"并在国会议事堂前游行示威，但是当时连"吉祥物权"的概念都还没有。

　　*实在太蠢了，我都不想补充说明了，但是以防万一，为了不误导读者，还是要书面解释一下。吉祥物的人权在现实中还没有得到承认。请别见怪。

　　说实话，我们本来只想像打游击战那样随机出没，但酷 MA 萌团队毕竟是公务员团体，只能按部就班地来。

虽然叫神出鬼没，但其实是酷 MA 萌团队在精心部署的基础上，和当地的警察局、酒店负责人、商业街的振兴会会长等都逐个事先沟通过。

当然在保证休息时间的同时，我们也不忘借机品尝大阪的特色美食章鱼烧。

酷 MA 萌团队如此辛勤地筹备着神出鬼没的演出，最后就看酷 MA 萌能否讨得大阪群众的欢心并让他们记住自己了……

酷 MA 萌本人说："一开始大家都围在我身边。"

是这样没错，但关键是要学会抓住这些人的心哪，酷 MA 萌！

这个时候我们已经准备好之后的秘密武器了，只是还没有找到使用的时机。

熊本县政府的人都不太了解我，但我是熊本县政府的象征

"神出鬼没"开始后的两周，9 月 9 日，酷 MA 萌在阪神甲子园球场上出没了。

虽然已经进入9月了，但正值炎热的"秋老虎"，可以的话真想一边喝着啤酒一边在站台上看棒球赛呀。而这一天等待酷MA萌的是和之前相比更像工作的一份工作，就是站在球场入口，向来看这场阪神老虎队对中日龙队棒球赛的观众们分发特制团扇。

这是6月份展出酷MA萌广告牌时达成的协议之一，虽然只有一天，但却是我们在阪神甲子园球场宣传熊本县政府的大好机会。也只有今天是真正为了"酷MA萌"这个招牌而工作。

因为今天是冠军争夺战，所以一大早，穿着黄色法被的阪神球迷们就已经排起了长队。

从熊本县政府寄来的团扇上印着"九州新干线全线通车！大阪↔熊本·约3小时""2011年3月熊本离您更近了！"对新干线的全线通车进行了大力宣传。但是，团扇上印着的居然还是宣传部长山本纱衣①的照片！

打开纸板箱的时候，酷MA萌团队的情绪都激动起

---

① 山本纱衣：日本女艺人、演员、歌手，出生于熊本县。——编者注

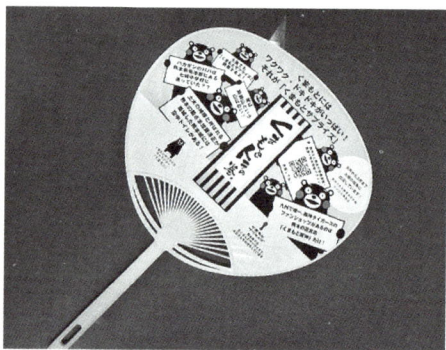

△ 特制团扇

来了。为什么不是酷MA萌呀？

酷MA萌本人却完全不理会这些，一边嘟囔着"熊本县政府的人都不太了解我，但我是熊本的象征"，一边给阪神球迷的孩子们分发团扇。

酷MA萌团队吐槽道："他这是在演苦肉计吗？"

酷MA萌一脸淡定地把团扇反过来给我们看，上面确确实实地画着8个酷MA萌，并且正在介绍着一些熊本县政府的琐事。

我们算是以量取胜了吧，这样想着酷MA萌团队的心情也平静下来了，但同时也切身体会到要想成为真正

△ 酷MA萌和拉奇

的熊本标志，酷 MA 萌还有很长的路要走。

　　也是在这一天，酷 MA 萌和阪神老虎队的吉祥物托拉奇还有拉奇有了一次亲密接触。在比赛中，酷 MA 萌的形象还出现在了球场内的电子显示屏上。这一天，酷 MA 萌团队通过勤奋踏实的工作终于在关西做出了一点儿成绩。

　　酷 MA 萌团队还明白了关西和大阪的区别。

　　值得一提的是当天分发的特制团扇后来还成了酷 MA 萌粉们收藏品的稀有款，这是我们当时想都没有想到的。

在某种意义上，我肩负着熊本赋予的重任

酷MA萌还出没在"平城迁都1300周年庆典"上。9月16日，这是一个秋高气爽的日子，清风拂面，让人心旷神怡。

熊本县政府在这个庆典上也有一个展位，酷MA萌在那里帮了3天忙。

在大阪开始活动后，我们决定短时间内不再使用熊本县政府的招牌，而是和原先一样继续"神出鬼没"，但是说实话，非常辛苦。

虽然知道这是为了让大家先记住酷MA萌，可是光大阪府这个大都市就拥有880万人口，不管选择在哪里出没都像是沧海一粟，太不起眼了。

所以，如果可以直接宣传熊本，反而会让我们觉得松了一口气，就像在阪神甲子园球场里宣传或在熊本县政府的展位上帮忙之类的。

而且，因为是在庆典上而不是大街上，出现吉祥物也不会有违和感。

全国各地的吉祥物，以迁都君为首，还有滋贺县大津市的观光吉祥物大津光君、爱知县犬山市的官方吉祥物汪丸君、从熊本来的鞠智城吉祥物小鞠等都来了，现场气氛和乐融融。

熊本县政府的展位上展出了熊本鞠智城鼓楼的模型、百济系菩萨立像等，还装饰了用山鹿灯笼技艺制作的朱雀门模型。

这次庆典对酷MA萌来说最大的收获是第一次在电视节目中出镜了。主角当然是"平城迁都1300周年庆典"的吉祥物迁都君，但NHK在关西地区播放的节目《午前环游关西》现场直播了酷MA萌和大津光君在录影棚里

△ 酷MA萌和小鞠、迁都君、大津光君

一起偷看迁都君的样子（NHK 在平城宫古迹里特别设置了录影棚）。于是，酷 MA 萌便在很多关西朋友面前初次露面了。没想到会以这种形式在 NHK 出场（虽然出场这种说法好像有点儿言过其实了）……酷 MA 萌，干得漂亮！

酷 MA 萌本人若无其事地说："在某种意义上，我肩负着熊本赋予的重任。"

我们不禁吐槽道："不是'某种意义'，你已经完美地承担起宣传熊本的重任了。"

现在回想起来，只是跑了一回龙套就这么高兴，当时的酷 MA 萌团队真是天真烂漫呀！

大家都沉浸在喜悦中，居然忘了和 NHK 的工作人员交换名片。虽然不知道对方是怎么想的，但至少我们还是想和他们保持长久联系的。

熊情请查录网站！

9 月 1 日，配合酷 MA 萌"神出鬼没"活动的开展，酷 MA 萌团队开通了酷 MA 萌博客"酷 MA 萌大阪出差日记"和推特账号"55kumamon"。

"酷MA萌大阪出差日记"不仅记录了每天的"神出鬼没"活动，而且为了迎接即将开始的正式活动"X Day"，通过在大阪的酷MA萌活动做了大量准备。

如果在"X Day"当天再开通博客并公开的话，那么博客内容就会是全空的。如果有了一定程度的信息积累，那么活动公开后第一次看到博客的人们也能马上乐在其中。为此，我们在"X Day"活动的一个月前开通了博客并上传每天的活动消息。

而且为了吸引大家阅读博客，我们还准备了秘密武器，关于这个之后会再介绍。

顺带提一下在"平城迁都1300周年庆典"上出没之后，酷MA萌9月中旬出没的地点按时间顺序排列如下：

19、20日，Senchu Pal（全国家乡观光物产展）

21日，扇町公园、大阪市中央公会堂

22日，OCAT、Breezebreeze

24日，ATC、天保山港湾村

27日，久宝寺绿地、通天阁

28日，道顿堀商业街、千日前商业街

29日，花博纪念公园鹤见绿地、长居公园

30日，万博纪念公园EXPO第70号展览厅

△ 酷MA萌和天晴君、绿橘君、桃太郎

从博客中登出的照片也可以看出，酷 MA 萌开始逐渐被大阪这座城市接受了。

在此期间，酷 MA 萌还和群马县的吉祥物群马酱①、松江开府 400 周年庆典的吉祥物天晴君、大分县的吉祥物绿橘君、冈山县的吉祥物桃太郎、千日前商业街吉祥物咪喵咪成了好朋友。

虽然都是些简单的记录，但酷 MA 萌本人倾情推荐："熊情请登录网站！"

---

① "酱"字是日语人称代词ちゃん的音译，是一种可爱的说法，多用于小女孩。

△ 酷MA萌和群马酱

请查阅"酷MA萌大阪出差日记"栏目。

在推特上，我们和目击酷MA萌出没的粉丝展开互动，希望能通过口口相传制造话题或引导人们去看"酷MA萌大阪出差日记"的博客。

因为是神出鬼没，所以不能提前告知明确的出现地点，但酷MA萌有时会在自言自语中透露一些线索。

利用推特可以添加照片这个特点，酷MA萌（当时）会勤快地回复在推特上投稿或上传照片的粉丝。渐渐地酷MA萌语也出现了。现在已经成为惯例了，粉丝生日的时候收到的酷MA萌祝福信息"生日快乐，嗨——

啾——卡噗"就是这个时候形成的。

　　酷 MA 萌团队认为粉丝数是衡量酷 MA 萌人气的重要指标。之后我们投入秘密武器开展了重大活动，推特在号召粉丝积极参与方面做了周全的准备。

你一定也会跟我合得来

　　如果你浏览过"酷 MA 萌大阪出差日记"的博客，应该会发现熊本县政府的酷 MA 萌一直在宣传大阪。

　　因为酷 MA 萌是以大阪为中心出没的，大阪元素难免会越来越多，这也是无法避免的。也会有人批评说，酷 MA 萌都特地跑去大阪了为什么不宣传熊本。

　　即使受到批评也没有关系。因为开通这个博客是为了宣传酷 MA 萌，而不是为了宣传熊本。面对质疑时，我们酷 MA 萌团队的态度非常明确。

话虽如此，但还是让我们这些人微言轻的地方公务员稍稍辩解一下吧。

小山薰堂以前来熊本县政府的时候说过这样一番意味深长的话："比起自卖自夸，如果让其他县的人为我们的家乡做宣传，应该会更有说服力吧。相互为邻县做宣传推广，这样的策划如果能成功应该会很有意思。"那个时候，我们在心里自言自语道："小山先生您真是一语中的呀！"不过实施起来可是相当困难。

但是这在远离本土的大阪也许可以做到，于是我们在酷MA萌神出鬼没活动中尝试去实现这个设想。

酷MA萌从熊本远道而来，在大阪出没，还努力宣传大阪，真是一个大度的吉祥物。（哎呀，不是外表看起来的那种"大肚"）如果大阪的朋友们能因此对他产生亲近感，那么肯定也会自然而然地对熊本县政府感兴趣。酷MA萌真是深谋远虑呀。（……真的是这样吗？）

酷MA萌的野心之一是希望能凭借他对大阪宣传所做的突出贡献被大阪府知事授予荣誉府民的称号！这个目前也还没实现呢，府知事大人！

酷MA萌本人自信满满地说："你一定也会跟我合得来，府知事大人！"（够了！）

△ 以大阪为背景

不过在博客里，酷MA萌在大阪出没的时候会"顺带"提起熊本的话题，在肥后桥附近出没的时候会讲述大阪和肥后藩（现在的熊本）的历史渊源。酷MA萌团队始终没有忘记像这样不露声色地宣传熊本。

还是个孩子就这么胖了

酷MA萌在大阪反复神出鬼没，其中出没次数最多的地方就是新世界。新世界是大阪特色美食"串炸"的大本营。

该地的串炸振兴会联合旗下的店铺每周五都会举办串炸庙会，这一天串炸只卖 940 日元（限定 20 种），还有冷笑话大游行。新世界到处都洋溢着浓郁的大阪风情。

9 月 7 日，星期五，酷 MA 萌第一次在新世界出没。在新世界有高高耸立的通天阁，还有出生于美国却是大阪特色的尖头福神坐镇。而且新世界还是 9 月 4 日刚刚出道的吉祥物串炸君出没的地方。同年出生的亲切感让酷 MA 萌和友好的串炸君很快就成了好朋友。

真正的原因是串炸君是由牛肉串和洋葱串组成的，酷 MA 萌一看到他就不由自主地被吸引了。喂,酷 MA 萌,你的口水流出来啦!

又不能真的让他咬串炸君，我们只能买了串炸让他拿着吃，酷 MA 萌便用串炸蘸满了伍斯特酱汁，不停地往嘴里送。在新世界这里，酷 MA 萌学会了"不能蘸第二次"的规矩。

……这么能吃，还没长大就要先发胖了吧!

还是个孩子就这么胖了。

但神奇的是和串炸君站在一起，酷 MA 萌的脸看起来居然变小了。

△ 酷MA萌和串炸君在通天阁

　　酷 MA 萌的博客介绍了串炸君，而串炸君的博客也介绍了酷 MA 萌，两人就这样成了好朋友，还产生了互利共赢的几何效应。

　　像之前介绍过的"酷 MA 萌大阪出差日记"一开始是介绍大阪的，酷 MA 萌团队开始考虑邀请以串炸君为代表的吉祥物们来熊本玩，并请他们在各自的博客上介绍熊本的魅力所在。

　　真的能请他们过来吗？

这时串炸君没有答应我们。

之后，酷 MA 萌每月都会抽一个周五去串炸君那里拜访，借此加深彼此的感情，串炸君也成了酷 MA 萌在大阪最好的朋友。

但是，串炸君可能已经注意到了，酷 MA 萌真正盯上的是他的"串串"……后来还发生了一起大案件，那个"串串"不知道被谁偷走了……

熊本县政府实在太忙了，连我的熊掌都要借去一用

2010 年 10 月 1 日，因为突然收到知事要求返回的命令，酷 MA 萌便回到了熊本县政府。马上就是"X Day"了，终于要开始正式活动了。酷 MA 萌团队准备把这件事当作送给酷 MA 萌的一份"惊喜"，所以一直对他保密。

知事将一份"熊本惊喜特命全权大使"的任命书递给了酷 MA 萌。

从 9 月 1 日开始，酷 MA 萌在既没头衔又没名目中度过了一个月的"神出鬼没"的日子，现在终于有了一个头衔，他当然特别开心。

其实还有一份更加惊喜的任务在等着他，那就是在出差地大阪分发一万张名片，以此传递熊本的魅力。

知事将作为"秘密武器"的一万张名片和"熊本惊喜特命全权大使"的任命书一起交给了酷 MA 萌。酷 MA 萌一脸震惊，瞬间变成了豆豆眼。（这只是一种文学表现手法。因为酷 MA 萌原本就是一脸震惊的表情……）

从 10 月到来年 3 月中旬新干线通车，只有不到 180 天了。而且这段时间，酷 MA 萌还要"冬眠"。所以平均每天要分发 60 张名片才能完成任务。

▶ *当时酷 MA 萌好像还只是个兼职公务员，所以能够确保充足的"冬眠"时间，但如今作为营业部长，酷 MA 萌只能为了工作放弃"冬眠"了。

这时，酷 MA 萌真心觉得："熊本县政府实在太忙了，连我的熊掌都要借去一用。"

但酷 MA 萌没有意识到，尽管如此，蒲岛知事也是经过慎重考虑，才决定要借他的熊掌一用。

任命书授予仪式上，很多新闻媒体朋友都在严阵以待，酷 MA 萌被眼前的场面吓到了（这只是一种文学……

唉，太啰唆了？对不起）。县内别动部队也都积极地投入"熊本惊喜"的推广工作当中。

酷MA萌将刚拿到手的名片一一递到每个记者朋友手中，并拼命地大献殷勤。

△ 为任命书授予仪式而来的记者们

△ 当场交换名片

酷 MA 萌当时的知名度还不高。因此酷 MA 萌团队盘算着如果能让这么多的记者都变成粉丝，然后再请他们报道酷 MA 萌的事迹……但是酷 MA 萌本人并没想这么多，只是老老实实地递交了名片……

🐻 没人记得我的名字，所以制作了名片

酷 MA 萌在大阪活动的时候，我们想到的秘密武器之一就是"名片"。

也许有人会说一个吉祥物要名片干吗？因为作为一介籍籍无名的地方吉祥物想在大城市里干出一番事业，自然就要想尽办法先让别人记住自己的名字。

更重要的是酷 MA 萌团队通过小山薰堂的作品《不需思考的提示——创意是这样产生的》了解到他非常擅长使用名片，我们没有道理不学习借鉴一下。

小山薰堂曾接受委托重新整顿日光金谷酒店，他首先"让所有员工思考自己最喜欢酒店内的哪个部分或哪个场所"，"选择最佳的角度多拍几张照片"并以此制作员工名片。然后"在酒店里张贴海报"，向前来住宿的客

人们宣传"每个工作人员的名片上都印有不同的照片，共有 30 种。集齐 30 种名片就能得到一本日光金谷酒店的小相册，快向工作人员索要名片吧"。

就这样，名片成了增进交流的重要道具，后来又经过一番努力，员工们的工作积极性也提高了。这就是我们所说的小山薰堂魔法。

这个案例给了我们很大的启发，因此为酷 MA 萌制作的不是普通名片而是具有话题性的趣味名片。名片的背面加入了酷 MA 萌的插图和广告词。

酷 MA 萌仅由全身的黑色和脸颊的红色两种颜色构成，显得太过单调了，所以采用了黄、绿、紫、深红、蓝、粉红、藏青等 8 种颜色作为背景色。

我们还请合作的广告公司让文案员帮忙设计每种颜色 4 条，共计 32 条广告词。为了超过日光金谷酒店的 30 种名片于是设计了 32 种广告词……很遗憾事实并不是这样的，我们只是单纯考虑到这样更便于印刷版面的拼接。

广告词中有像"没人记得我的名字，所以制作了名片"这样直白的，有像"希望能有名到有假货来冒充我"这样表达愿望的，还有"拼命工作，拼命吃""一开始大家都围在我身边"这样无厘头的说法。广告词中还出现了"熊多关照!""熊情请登录网站!"等新词新句,后来变成"酷MA萌语"在粉丝中广为流传。

也许您已经注意到了，本书的第一章和第二章的小标题用的就是这些广告词。

有了这32种名片，应该就会有人开始收集了吧？我们希望大家能为了收集名片频繁地来和酷MA萌见面。酷MA萌已经自顾自地展开了联想：如果能像交换卡一样在粉丝之间相互交换，应该会很有趣吧。

名片战略取得了绝佳的效果。先是在10月1日的"熊本惊喜特命全权大使"的委托书交付仪式上，名片在熊本县政府初次亮相便立刻在记者群中引发了话题。酷MA萌一边和记者们交换名片一边说着："没人记得我的名字，所以制作了名片。"

……酷MA萌竟然原原本本地照搬了名片上的广告词!

因为是名片，所以一人只能交换一张，记者们相互传看名片背面的广告词并交流了感想，有人觉得很有意思，也有人觉得不明所以。还有记者希望我们能多给他们几张名片，因为他们想把这个作为新闻素材收录在影像里。

我们不禁要在心里摆出庆祝胜利的姿势，迫不及待地想对小山薰堂说："师父，请受我们一拜！"因为正如他书中所写的"制作了这种名片以后，媒体来采访的机会大大增加了"。

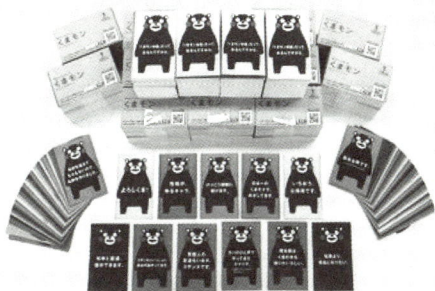

△ 酷MA萌的名片共1万张

当然，这些名片在大阪也引发了话题。这个吉祥物并没有特别宣传什么，名片上只印了"来自熊本的"这几个小字和"酷MA萌"3个大字。他无缘无故地出现在大阪街头分发名片，而且所发的名片还相当有趣。因为名片一次只发一张，如果想要其他的名片，只能下次再来。

和我们预想的一样，有一部分人开始收集名片了。虽然没有像交换卡那样流行，但是随着时间的推移，不管男女老少都开始想要酷MA萌的名片了。

我们原本以为吉祥物只会吸引年轻女性和小孩子，没想到低估酷MA萌的魅力了，真是意外之喜。

而且很多人就这样成了酷MA萌的粉丝。

这些名片是为了在关西地区分发而制作的，所以在熊本县政府内几乎无法拿到。不知道是不是这个原因，后来2011年6月4日和5日，在熊本县政府举行的"东日本大地震复兴支援慈善义卖"上，装裱好的全套32种名片加酷MA萌签名彩纸刚展出来进行拍卖，就有两人同时出了4.5万日元的高价！最后用猜拳来决定由谁拍得这套名片和酷MA萌签名彩纸。老实说酷MA萌团队也大吃一惊，本来只是为了撑场面才展出这套名片的，没想到真的会有人出价。

而且，为了吸引人们访问"酷MA萌大阪出差日记"的博客和关注"酷MA萌推特"，名片上还印有博客搜索的关键词以及二维码。秘密武器不单指名片收集，这只是重要活动的一部分。

因为阿蒲的一句话，我就赶来了。
是蒲岛知事让我这么说的……

作为"熊本惊喜特命全权大使"，大阪的首份工作正在等着他，所以没空让酷MA萌悠闲地在熊本待着了。当天晚上，"熊本惊喜观光宣传活动"在大阪格兰比亚酒店举行，酷MA萌和蒲岛知事、山本纱衣宣传部长一起出席了活动。

说是出席，其实酷MA萌只是在山本纱衣宣传部长唱熊本宣传曲《最爱熊本之火》时为她伴舞。酷MA萌团队深刻地体会到，在这个世界上人气才是最重要的。尽管如此，酷MA萌还是好好地和知事、山本纱衣宣传部长在舞台上拍了3人合影。酷MA萌之所以能表现得这么周到大方，可以说应该归功于之前一个月在大阪的锻炼。

酷MA萌还把刚刚从知事那里接过来的名片分发给了到场的嘉宾，并对他们说："因为阿蒲的一句话，我就赶来了。是蒲岛知事让我这么说的……"把知事叫成"阿蒲"……虽然知道他是为了逗大家开心，但是酷MA萌团队一直提心吊胆，生怕这话被知事听到。到底只是些小小的地方公务员呀。

△ 酷MA萌和山本纱衣宣传部长、蒲岛知事

会场上，山鹿灯笼舞保护协会和牛深火把舞的诸位，火之国熊本宣传小姐和女老板协会一行人，还有人吉温泉的吉祥物小人君和八千代100周年吉祥物千代松，都从熊本来到现场，热情地接待来宾。

这一天，在活动开始前，酷MA萌完成了最后的录制。参与演出的有蒲岛知事、山本纱衣宣传部长和酷MA萌。说这是最后一次录制，是因为我们之前和博客同步，收录了酷MA萌各种各样的影像。加上这天录制的部分，我们把所有的影像制作成4集小故事发布在主页上。这也是"酷MA萌话题战"的一个环节，具体内容之后再

△ 酷MA萌和跳山鹿灯笼舞的姑娘们、千代松

△ 酷MA萌和女老板协会一行人、山本纱衣宣传部长

详细介绍。

这时，山本纱衣宣传部长用她那甜美可爱的声音鼓励道："酷MA萌，要加油哦！"并抚摩了酷MA萌的大

脑袋。虽然出现在电视上的酷 MA 萌有点儿色眯眯的，但最后他们俩成了很好的朋友。

我还有艺人朋友呢！她就是山本纱衣

和山本纱衣宣传部长相识的第二天，酷 MA 萌就出现在了她的博客上，似乎山本纱衣真的把他当成了好朋友。酷 MA 萌非常开心。因为在名人博客出现的缘故，酷 MA 萌一下子成了热门话题，所以酷 MA 萌团队也非常高兴。

可是酷 MA 萌"我还有艺人朋友呢！她就是山本纱衣"的这种说法，是不是有点儿说过头了呀。

酷 MA 萌好像也有名片了。

我从酷 MA 萌那里拿到了，

各种各样的名片既可爱又有趣。

其中，我比较在意的内容有：

"我姑且算个公务员。"

酷 MA 萌原来是公务员吗？！

"我还有艺人朋友呢！她就是山本纱衣"

其他的还有：

"从某种意义上来说，我肩负着熊本赋予的重任"啦，

"知事也会买我面子"啦，

"尽管拍照吧"，等等，

名片上写满了这种酷 MA 萌原创的俏皮话。

酷 MA 萌可能正在某地分发名片，

如果你看到的话，请一定要接过他的名片哦。

——来自山本纱衣的博客

△ 32种名片中的一种"我还有艺人朋友呢！她就是山本纱衣"

🐻 希望能有名到有假货来冒充我

进入 10 月以后，酷 MA 萌"神出鬼没"的方式也发生了变化，偶尔还会在出没前发出预告。10 月 4 日，酷 MA 萌在藤井寺市的藤井寺永旺梦乐城出没的时候，就提前在折叠广告页上告知了出没的消息，并利用店内广告进行宣传，甚至还在馆内进行广播。

如果有客人在馆内发现酷 MA 萌并向他打招呼，就能得到名片并和他合影。酷 MA 萌精神饱满地接待了前来的客人们。

随后 10 月 9 日，酷 MA 萌在参加船场中央大楼主办的"船场节"时，也贴出了海报。海报上写有"寻找酷 MA 萌"的活动通知。活动当天谁在东西全长 1000 多米的大楼里找到酷 MA 萌并和他合影，就可以到前台领取纪念品。这些纪念品当然也是与宣传熊本相关的。

主办方策划这些都是为了吸引顾客，而酷 MA 萌是无偿表演的。但即使活动失败了，我们也没有什么损失。对于我们团队来说，当时的酷 MA 萌还没有什么名气，

要抓住这样宣传的大好机会。我们希望能通过这个策划建立共赢的关系，于是事前召开碰头会，并最终付诸实施。

　　酷MA萌本人说："希望能有名到有假货来冒充我。"

　　酷MA萌团队也期待着那天早点儿到来，不过如果真的出现了假货又该头疼了……

　　在各个方面的踏实付出终于有了回报，某个大型百货商场的集会邀请了酷MA萌，夹在报纸中的集会通知上也标注着酷MA萌要去某店的消息。不过这些都是后来的事情。

而且在"船场节"上，主办方还为我们举办了以酷MA萌为主角的"吉祥物表演"。这是酷MA萌第一次当主角！虽然这么说，但是参加演出的还有关西国际机场的坎昆和布比、船场城·南御堂的吉祥物同君以及但马牧场公园的毛助。不过这也说明酷MA萌正在逐渐确立自己"大阪吉祥物"的地位。

△ 酷MA萌和坎昆、毛助、布比

骗骗我也好，快说我可爱！

10月12日，酷MA萌终于迎来了正式在媒体上出道的日子。这天，JR西日本大阪环状线的车站内以及电车的车厢广告上都贴出了酷MA萌的海报。"我来自熊本。我会在大阪待一阵子。希望你看见我的时候能和我打声招呼。"继这种问候海报之后，我们又制作了50种可能受大阪人欢迎的海报，每种只制作一张，张贴在各个车站里。

庆幸的是电脑创作的原稿不用制版就能直接印刷，所以我们才能顺利地实施这个方案，不过广告文案员就辛苦了。（不，不如说这样他们才更有干劲……）

"想要寻求刺激，芥末比男友更管用。"

"即使不是为了庆祝胜利，你也会想跳进这条清澈的河里尽情嬉戏的。"

"明明叫森之宫，但很都市化。"

"熊本城和熊本姑娘们欢迎您的到来。"

"在熊本大饱口福吧！"

"在熊本好好休假去除黑眼圈吧。"

"请不要忘了预订车票和申请假期。"

酷 MA 萌在这些海报上只稍稍露出了脸部，用自言自语的方式展示广告词的内容。然后右下角印有"酷 MA 萌大阪""搜索"这样的关键词，引导大家去浏览博客。如果大家都认为海报很有趣，并愿意浏览博客消磨时间的话就太好了。

但酷 MA 萌本人说："比起被夸'有趣'，更希望大家'骗骗我也好，快说我可爱'！"

△ 问候海报

在城市里到处都有海报。如果不是贴海报的一方，而是一般的城市居民，平时走在街上的时候他们会留意这些海报吗？人们可能马上就会注意到主角是自己喜欢的明星的海报。喜欢车的人应该会留意汽车海报。但是除此之外呢？

要让毫无兴趣的人关注我们的海报是非常困难的。但既然贴了海报，我们就必须想方设法吸引人们的眼球。

酷MA萌的"神出鬼没"就是刷存在感的一种方式。人们看到海报时就会恍然大悟，那个经常在街上碰到，偶尔还会出现在报纸和电视上的吉祥物原来就是酷MA萌啊！

另外，我们还在报纸上登出了小幅的彩色广告，并参加了广播节目，综合运用多种媒体宣传手段以求达到最强的宣传效果。

虽然有点儿自吹自擂的嫌疑，但我们制作的海报真的非常吸引眼球。因为现在已经很少能看到这样肤浅又直接的宣言了……（啊，岂止是自吹自擂，这应该算自以为是了……）

"酷MA萌官方网站"上也公布了这50种海报，感兴趣的可以搜索登录浏览。

虽然自己说有点儿不合适，但我是只有才华的熊

让我们在此回顾一下"酷 MA 萌'神出鬼没'大作战"的全过程：

1. 酷 MA 萌不带宣传性地在关西各地出没。

2. 在博客上上传活动报告。

3. 在推特上讲述出没的情况，并请网友们分享现场情况。

4. 散发介绍身世的趣味名片，引导人们关注博客和推特。

5. 综合运用报纸、广播、交通广告等媒体宣传手段，以求进一步提高知名度。

以上其实只是第一期活动，实施时间大约为 9 月到 10 月。

在这大约 2 个月的时间里，酷 MA 萌神出鬼没的地点共计 72 处，博客更新 66 次，推特关注人数达 2600 人。

随后 11 月名为"寻找酷 MA 萌大作战"的第二期活

动开始了。

活动始于一场惊喜表演。酷 MA 萌在大阪失踪了，为了尽快找到他，知事召开了紧急记者见面会。

为了给逐渐增加的博客读者和推特粉丝提供新的话题，并进一步增强互动，酷 MA 萌团队号召目击者通过推特提供与已失踪的酷 MA 萌相关的线索。

活动的剧本是"酷 MA 萌接受了知事交代的在关西分发 1 万张名片的任务，但在做任务的途中他被大阪的魅力吸引了以致音信全无。知事非常担心，召开了紧急

△ 报纸上的一则酷MA萌广告（《产经新闻》2010年11月23日）

记者见面会，希望目击者能通过推特提供线索。酷MA萌回想起之前山本纱衣宣传部长对他的鼓励，于是又重新开始分发名片。最后酷MA萌终于在众多大阪人的激励和帮助下圆满完成了任务"。

主人公＝酷MA萌，目标＝完成名片分发任务，敌人＝大阪的魅力，危机＝音信全无，同伴＝山本纱衣和大阪人，胜利＝完成任务，剧情就按照这样的设定顺利展开了。

我们将这些拍成影像制作成共4集的小短片。从11月开始陆续上传到酷MA萌官方网站。

"需要知事出场的地方有点儿多，他会愿意帮忙吗？"

"嗯，要让知事也成为真正的演员才行呀！"

"知事的话，不需要演吧，只要像平时一样就好了。"

"嗯，好极了！"（这句话又出现了！）

虽然剧本已经完成了，但还没有确认关键人物知事的想法，在这种情况下就贸然行动，酷MA萌团队也太掉以轻心了，不过还好不久就得到了知事的欣然同意，于是收录工作便顺利地开始了。

蒲岛知事在他平时召开记者见面会的知事接待室里，为我们举行了冒牌的记者见面会。上文提到过在大阪格兰比亚酒店举行的"熊本惊喜观光宣传活动"的开幕会场，为了剧情需要，我们把到场的山本纱衣宣传部长也一同收录到了影像里，并拍摄了布置任务以及完成任务的场景。

当然酷MA萌其他的出场镜头，都是9月神出鬼没时在大阪各地大规模辛苦拍摄的外景。

酷MA萌也展现了他的高超（？）演技。

<u>酷MA萌本人说："虽然自己说有点儿不合适，但我是只有才华的熊。"</u>

确实很有演员的样子，只是自己说出来就有点儿自卖自夸的嫌疑了。

4集的标题分别是：第一集《熊本县政府知事召开紧急记者见面会，酷MA萌失踪了？！》；第二集《酷MA萌去大阪喽！》；第三集《酷MA萌被大阪的魅力迷住了！》；第四集《酷MA萌任务圆满完成了！》。

<u>我们没有采用"起承转合"的叙述形式，而是一开始就把"转"的部分提上来，因为以让知事本人登场召开"紧急记者见面会"这种惊喜演出的形式宣告活动开始，更容易给人留下深刻印象。</u>

在大阪，为了配合"寻找酷 MA 萌大作战！"活动，我们张贴了全新的海报。

这次使用的是山本纱衣亲手绘制的海报"熊在等你"。

山本纱衣在繁忙的工作间隙帮我们画了酷 MA 萌的肖像画并写了宣传标语。我们直接拿来做成了海报，成品非常可爱。

但我们也有点儿担心，这样会不会太抢眼了？

△ 山本纱衣的手绘海报

我不是那种熊！

　　"寻找酷 MA 萌大作战！"在 FM80 电台播放了广播广告。广告的内容是正宗的大阪笑话，酷 MA 萌团队的人听了也会不由自主地笑出声来。仅仅通过文字表达不知道能传递多少，这里就选择三篇中的一篇来介绍吧。

△ FM80电台主持人中岛广渡也是熊本人，
酷MA萌参加了他的节目

　　女："有没有看到酷 MA 萌？好像就在你公司附近……"

　　男："酷 MA 萌？那是啥？"

　　女："酷 MA 萌呀！山本纱衣的好朋友！"

男："艺人吗？"

女："不是！"

男："既然叫酷 MA 萌的话……是熊吗？"

女："你这么说就不对了。你说了最不该说的话，酷 MA 萌可不是熊，他是熊的吉祥物。"

男："熊的吉祥物？是什么样的家伙呢？"

女："身体很大……眼睛很大……"

男："像熊一样的吗？"

女："都说了不是熊。"

男："先不说这个了，那个东西现在在哪儿呢？"

女："现在……在本町发名片呢。"

男："这只熊是个工薪族啊？"

女："都——说——了……不是熊，啊，现在他正在新地的寿司店吃鲑鱼呢。"

男："那不就是熊吗？"

主持人："酷 MA 萌究竟是何方神圣呢？他现在正在大阪出没！关于这只熊的具体情况，请搜索'酷 MA 萌大阪'。"

——《酷 MA 萌出没广播广告〈电话篇〉》

酷 MA 萌本人说："我才不是那种熊！"酷 MA 萌就是酷 MA 萌！

……呃，酷 MA 萌，你是从什么时候学会关西腔的？

我和知事面对面说上话了

11 月初，"寻找酷 MA 萌大作战"刚刚开始，酷 MA 萌突然从秘书那里接到了蒲岛知事的指示。熊本非常重视和新干线沿线的广岛、冈山建立友好关系，11 月 11 日，蒲岛知事将对两县的知事进行礼节性拜访，到时酷 MA 萌也要同行。

对于知事之间的礼节性拜访，地方媒体肯定会大幅报道，利用这个机会进行宣传可谓事半功倍。知事当然也明白这个道理，所以之前他在访问大阪府知事、京都府知事时都会宣传九州新干线全线通车这件事。

这次让酷 MA 萌同行是为了提高酷 MA 萌的知名度，饱含了知事对我们的温暖关照……

可是，"知事，我们现在不是正在进行'寻找酷 MA 萌大作战'吗？按故事设定，现在酷 MA 萌已经失踪了，

△ 访问冈山县知事

连知事的电话都无法接听。这个时候是不可能和您一起去访问两县知事的。如果被媒体报道了不就暴露了酷MA萌没有失踪吗？这可怎么办呢？"

这些话我们到底还是没能对知事说出口。像我们这种小小的地方公务员，能做的顶多也就是向上司发几句牢骚。

我们酷MA萌团队担心来自网络的批判和攻击。

这是我们第一次运用博客和推特经营县里的事务，也不知道会有什么人在看。在当下的网络时代，网上的言论和应对稍有差池就会被博客或推特的一些"大V"批判和攻击，进而成为热门话题，所以我们对这类事件非常敏感。

△ 访问广岛县知事

但是如果改变日程安排，不仅蒲岛知事的日程，连广岛、冈山两县知事的日程都要进行调整，难度实在太大了。而且就算好不容易调整了日程，也不知道是否还处于酷MA萌失踪的那个时间段。作为知事忠实的部下，酷MA萌团队只能尽力完成任务。当天根据知事的指示，酷MA萌变身为"特急'接力飞燕'&新干线希望号"车内的一头熊。

　　*精通法律的读者也许会指出"酷MA萌能坐电车吗？"确实就如他们所说，我们在前文也阐述过当前还没有确定"吉祥物权"，所以吉祥物乘坐公共交通工具是不被允许的。关于这一点还请大家多多谅解。

和现在不同，当时新干线还没有开通，所以路上比较花时间。还在车里酷 MA 萌就开始幻想到广岛就吃加牡蛎的广岛烧，到冈山就吃吉备团子和借饭鱼。知事好像看穿了他的心思，说道："酷 MA 萌，我们今天就要回熊本，行程会很紧张。等新干线开通了，就算当天往返也能在那边好好享用美食了。"

酷 MA 萌刚想着要珍惜第一次和知事悠闲共处的机会，就因为这一句话而受到了重大打击。

酷 MA 萌说："我和知事面对面说上话了。"

虽然和知事当面说上话了，但对酷 MA 萌来说如果吃不上广岛烧和吉备团子，那么即使和知事一起也没有什么意义，所以他摆出了很不情愿的姿势。酷 MA 萌团队一边观察知事的反应，一边哄着酷 MA 萌让他注意一下场合。酷 MA 萌这一路上太不让人省心了。

但庆幸的是人们把网络上正在发展的小故事当作机智的熊本县政府在县外的宣传活动，所以没有人批判"酷 MA 萌明明失踪了，为什么还会和知事在一起"，也没有发生我们之前所担心的舆论危机。

我连失踪时都还在工作呢！

在小短片里，酷MA萌被大阪的魅力吸引，在中途任务失败并失踪了，但实际上，他和普通公务员一样每周双休并且每天以大阪市内为中心继续"神出鬼没"地培养粉丝。

也有粉丝看了网上的小短片，笑着问："酷MA萌，你不是失踪了吗？"

这时酷MA萌便会微微侧身躲开，解释说："我连失踪时都还在工作呢！"然后不顾大家的哄笑，一本正经地递出了名片。

比起空着手"神出鬼没"，果然还是拿着名片这样的神器更容易和大家交流。名片上各式各样的广告词，再次引起爆笑。我们成功的秘诀就是通过这种"笑声"，一下子把人们发展成酷MA萌的粉丝。

酷MA萌团队不禁在心中再次高呼："小山薰堂师傅，请受我们一拜！"

酷MA萌达成目标后肯定会得到奖赏，所以酷MA

萌团队一直以此大声激励酷 MA 萌，他就这样被我们的花言巧语哄骗着一直努力到现在。

对酷 MA 萌来说，很遗憾这个奖赏并不是让他放开肚子尽情享用大阪的章鱼烧……

言归正传，酷 MA 萌得到的第一份奖赏是在大阪站的地下车站里张贴酷 MA 萌海报。一张是 10 米长的超大型海报，上面的广告词是："仔细想想，真的发了好多张名片呢！"还有一张特大海报是酷 MA 萌以高升的太阳为背景举起双手庆祝，广告词是："我交到了 1 万个朋友！"

我们还把山本纱衣的祝贺短信全部制成了海报，并以副海报的形式附到了这两张海报上。

"衷心祝贺你完成 1 万张名片的分发任务！"

"我经常在 HP①上看你的日记哦。"

"我不是以一个艺人的身份，而是作为一个熊本人在支持你。"

"酷 MA 萌，你要努力让'熊多关照'拿下流行语大赏哦！"

后来，我们还把酷 MA 萌道谢的话制成了海报。

---

① 应为酷 MA 萌的博客主页。——译者注

△ "仔细想想，真的发了好多张名片呢！"

△ "我交到了1万个朋友！"

"要是在东京，我可能就成不了名人了。"

"且不说大红大紫，我至少成为新闻了。"

"感谢关照我的人，也感谢批评我的人。"

"受到了这么多人的帮助，我真是太幸福了。"

"我很有女人缘。"

"无论有没有接过我的名片都要感谢你们。"

"还有人请我喝冰咖啡。"

"在大阪最难忘的就是大家的亲切和友好。"

"我交到了1万个朋友！"这张海报上贴满了200张印有"祝"字的卡片。如果有人愿意撕下一张卡片并随身带走就可以得到一份奖品，这样慢慢地就可以看到整张海报的内容了。为了千方百计地引起人们的注意，我们制作了这样一张富有创意又充满惊喜的海报。

第二份奖赏是为支持酷MA萌的粉丝们准备的。

酷MA萌团队非常大方地将独家制作的"酷MA萌手机挂件"送给500名粉丝当礼物。这样还可以增加粉丝，

△ 酷MA萌手机挂件（非卖品）

真是个周密的计划。

但在制作礼物的时候，我们吃了不少苦头。因为做出来的试验品完全不像酷MA萌。酷MA萌的样子本来就简单，所以稍微有一点儿不同就变成别的东西了。我们花了3个月时间经过多次试验，终于做出了能拿得出手的送给粉丝的东西。

从9月起在大阪开展活动时，除了挂件外，我们还会时不时地分发"酷MA萌原创商品"，包括"酷MA萌徽章""酷MA萌金太郎糖""特制手巾"等，这些都获得了很高的人气。

△ 特制手巾（非卖品）

其中很多都是在大阪活动时分发的，加上又都是非卖品，所以现在这些商品在熊本县政府当地都是很难买到的稀有品。

然后，第三份奖赏是给酷MA萌的。这是一个在大阪才能实现的完美计划。

1万张名片分发任务完成后的第五天，也就是12月10日的傍晚，酷MA萌受邀前往千日前商业街"大阪职业摔跤馆"。这是酷MA萌自11月30日首次观看比赛后第二次来到这里。

事情的起因要追溯到11月6日，这天法善寺前街的千日前商业街举行了秋季庙会，酷MA萌也借机在此出没。在路过"大阪职业摔跤馆"时，酷MA萌看到摔跤选手、尖头福神基德和吃货假面超人正在那里推销饮料，于是便向他们分发了名片。因为这样的机缘，后来吉野裁判亲自邀请酷MA萌11月30日到现场观看比赛。

就在那时，酷MA萌深深地迷上了大阪摔跤，甚至还想站上摔跤台。酷MA萌团队一早就发现了他的这点儿小心思，于是准备了这份惊喜奖励。

酷MA萌刚跟着接待员进入场内便看到了一个为他

准备的特别座位，上面写着"嘉宾熊席酷MA萌先生"。这是为了让他在前排看台席上观看比赛。然后……

比赛中，酷MA萌虽然是在"嘉宾熊席"上观战，但按照惯例场外也陷入了混战。酷MA萌的脑袋遭到了尖头福神基德的折扇攻击，选手在摔跤台的角落进行攻防战时又突然被指名，请他把熊掌借给勘十郎（这是摔跤选手的名字，不是歌舞伎演员的名字），助他一臂之力。我们精心准备了很多与比赛相关的场景，就是为了让酷MA萌好好地体验一把参赛的感觉。

比赛结束后，还有一份特别的"惊喜"在等着他，这是酷MA萌团队也没有料想到的。

那就是，为了庆祝1万张名片的分发任务圆满完成，酷MA萌被请上了摔跤台，并在台上被吉野裁判和摔跤选手们抛到了空中。

酷MA萌共被大家向空中抛起3次，整个过程中观众们都在热情地鼓掌和呐喊。看着酷MA萌被抛向空中的样子，酷MA萌团队的成员们都忍不住湿了眼眶。

酷MA萌团队和酷MA萌都深受感动，并由衷地觉得"在大阪最难忘的就是大家的亲切和友好"。大家和观众们一起不停地为酷MA萌鼓掌。

这个惊喜场面不知道为什么刚好被前来采访的《熊本日日新闻》的记者和NHK大阪电视台的摄影师记录了下来，并在熊本和大阪两地进行了报道。酷MA萌借着职业摔跤选手们的人气离走红又近了一步。

△ 酷MA萌被抛起庆祝后，和大阪职业摔跤的运动员们

我在学习真诚的待客之道

我们在包装"酷MA萌手机挂件"时特意附上酷MA萌留言卡片和肉球印，并努力确保礼物能在圣诞节之前到达粉丝手中。

我们的目的不是"送达"礼物，而是表达"感恩回馈"

的心意，绞尽脑汁只为愉悦粉丝。

酷MA萌说："我在学习真诚的待客之道。"

"熊本惊喜"的精神也逐渐地渗透到了酷MA萌团队之中。

"酷MA萌手机挂件"作为圣诞礼物送出后，广受粉丝喜爱。我们还收到了很多感谢信，这对酷MA萌和酷MA萌团队来说都是年终的一大"惊喜"。

而且这年年底，有很多人发推特表示想给酷MA萌寄贺年卡，于是我们便在博客上告知了寄送地址。

过完年便是2011年1月，这一年九州新干线终于要全线通车了。

酷MA萌收到了很多手绘的、手工制作的、非常有爱的贺年卡。很多贺年卡上写着"新干线开通了，我想去熊本见酷MA萌。""认识酷MA萌后突然对熊本县政府产生了兴趣。"我们迄今为止的活动总算有了一点儿成效，酷MA萌也高兴得手舞足蹈起来。贺年卡中还有人写道："因为酷MA萌，我和家人之间的话题也变多了。"原来酷MA萌还或多或少地为粉丝的家庭幸福做出了一点儿贡献呀……

我们满怀感激地和酷MA萌一起回复贺年卡。在做准备工作的时候，团队里的一名成员提到"马上就要情人节了吧？""情人节这天很可能会收到粉丝们的礼物，所以现在就必须开始考虑白色情人节的回礼了。""确实，光明信片是不够的。"

△ 小山薫堂师傅在看粉丝们写给酷MA萌的贺年卡

回礼可能需要一些开销，但酷MA萌团队已经做好思想准备了，要是可以如愿在白色情人节向粉丝们回礼该有多好呀。当时的我们不可能知道，全日本是以怎样的心情迎接这年的白色情人节的。

我不是雄的，我是男孩子！

要说最想在大阪留下"足迹"的地方，除了甲子园、新世界（串炸）就是"吉本新喜剧"了。

站上喜剧发源地"吉本"的舞台不仅是酷MA萌的梦想，也是我们酷MA萌团队在大阪开始活动后一直以来的梦想。

后来在大阪发生的一件事更让我们坚定了要实现这个梦想的决心。

故事要追溯到前一年的9月。

为了准备"寻找酷MA萌大作战"活动，我们在大阪各地拍摄外景，有一天酷MA萌乘坐了水上观光船。从凑町码头出发，顺时针方向经过了道顿堀河、木津河、堂岛河、东横堀河，再回到凑町码头，船程约90分钟。

烈日炎炎，水面吹来的微风却带着丝丝凉意，酷MA萌状态非常放松，拍摄进行得也很顺利。岸边的人们朝他挥手，酷MA萌看到了也向他们挥手。可以看出酷MA萌已经开始渐渐适应大阪的环境了。

△ 道顿堀河水上观光船

　　酷 MA 萌团队也放松了下来，一边吹着河风，一边望着岸边，这时看到了两个年轻男性正凝视着对方在交谈着什么。

　　酷 MA 萌团队的成员用蹩脚的大阪腔嘟囔着："什么情况？果然是大城市呀。同性恋们也很光明正大呀。"这时旁边突然出现了一个大妈，"他们不是同性恋哦，他们是未来的艺人。""未来的同性恋大叔？""傻瓜！说什么胡话呢。我说的是未来的艺人，也就是年轻的搞笑艺人。

可能是没有其他的练习场地了，所以他们就在道顿堀沿岸的公园里练习了。你看，那边也有哦。"

我们朝大妈所指的方向仔细地观察了一下，结果发现到处都是正在练习的二人组。"确实是这样……"我们的话音刚落，又听见大妈说："来，快吃这个。你也很辛苦吧。再怎么没搭档,也不用和这么大的玩偶一起练习吧。真是努力呀。"

"不，他不是玩偶……而且我们也不是在练习……"

"傻孩子，你听不出来吗？我是开玩笑的。你们这样可是当不了搞笑艺人的。你如果不更加机灵点儿，那边的玩偶很难在大阪混下去哦。话说回来，酷 MA 萌是雄的还是雌的呀？"

酷 MA 萌走到两人跟前，听到了他们的对话后觉得很有趣，便立刻回答道："我不是雄的，我是男孩子！"

我们刚想说，大妈，您这不是知道酷 MA 萌的嘛！但回头一看，已经不见人影了……

（真是个风一样的大妈呀……我们到最后都没能跟上她的步伐……我们这样真的能在大阪混得下去吗？……）

最后我们沮丧地到达了码头。

日已西斜，暮色沉沉，兴许是谁忘记撕掉了，残破的"水都大阪2009"海报正在码头的墙上迎风沙沙作响。海报上，平松市长和桥下知事微笑着并排站在道顿堀河的观光船上。

话说，这时平松和桥下的关系还是很好的……看来再合拍的搭档也不能长久呀。是吧，酷MA萌……但是酷MA萌又不是搭档……

夕阳在都市高楼大厦的缝隙之间逐渐下沉，酷MA萌团队举起拳头，对着夕阳呐喊："看好了，大妈，我们会让酷MA萌作为一线艺人登上吉本舞台的！"

好像已经站上了舞台一样，酷MA萌团队表演得太浮夸了。

我和山本纱衣一样，是熊本县政府的代表

虽然当时我们非常渴望站上吉本新喜剧的舞台，但随着时间流逝渐渐淡忘了。就在这样的某一天机会自己找上门来了，吉本兴业向我们发出了邀请。

因为当时吉本兴业刚开始推行"区域计划"，希望发

掘有地域特色的内容，并且正在寻找愿意参与的自治体。

　　鸟取县已经打了头阵，知事在 1 月登上了"难波大花月"剧场的舞台，并宣传了鸟取县。和鸟取县做同样的事就不会成为话题了。于是酷 MA 萌团队马上开会讨论。

　　"那个，酷 MA 萌自然是要登场的吧……"

　　这时有人突然回想起道顿堀河观光船上的那件事。

　　"我们觉得这是理所当然的……但对于吉本来说应该是前所未闻的事吧？"

　　"……是……是吗？"

　　"没有吉祥物登上过他们的舞台吗？"

　　"不知道。但必须提前和他们打好招呼，并设计出能让酷 MA 萌自然登场的剧本才行。没有酷 MA 萌，这次活动就无法继续了。"

　　"那知事怎么办呢？鸟取县的知事已经登场过了，再这么做就缺乏话题性了吧？"

　　"要让知事做吉本舞台上惯例的跌倒动作吗？"

　　"让政治家跌倒毕竟不合适吧？"

　　"鸟取县的知事不是话剧演员出身的吗？而这次登上吉本舞台的是原东大教授的学者知事，这种出人意料的设定不是更有趣吗？"

"但这只是内部情报吧？"

"不，内部情报也是很重要的。"

这次又是还没确认知事的想法，讨论就已经进入白热化了。

"……那个……活动肯定也会在电视上播出吧……"

"？？？"

"因为，星期六电视上不是会播《吉本新喜剧》吗？如果酷MA萌只是出现在舞台上，那就只有观众席的观众才能看到，而如果在电视上播出，那么全国的观众就都能看到了。"

"这……这个想法不错……"

"鸟取县没这么做吧？"

"没有！……我们能做得到吗？"

"因为鸟取县本来就没有转播这个台，可能想都没想过还能在电视上播出吧。"

"酷MA萌和知事组成搭档站在吉本的舞台上，并通过电视在全国播出！这样一定会成为热门话题的。"

"搭档，哎呀，又不是让他们去说相声。"

"总之，先和他们交涉吧。只是提一下要求又不会有任何损失。什么也不说反而太可惜了。"

"是不是连思维方式也逐渐大阪化了？"

"大阪腔真蹩脚！比起被说大阪化，更希望被说是薰堂化。"

"……那个……"

"又是你？这次又怎么了？"

"……排场不够吧。"

"……排场？"

"我说的是假设的情况哦。如果要在电视上播放，那需要的排场就更大了。虽然这么说有点儿失礼，但光靠知事和酷MA萌的话……这里就需要请山本纱衣宣传部长登场了。"

酷MA萌说："我和山本纱衣一样，是熊本县政府的代表。"

"好极了！好极了！"

（啊，说了两次好极了呢！）

我们赶紧和山本纱衣的事务所联系，对方欣然同意会参与演出。抱着即使不行也没关系的想法，我们向吉本兴业提出了所有能想到的要求，包括不仅要在舞台上表演，还要在电视上播出，要提前召开记者见面会，还要在"难波大花月"剧场前举办物产展览会，要在舞台上公布观光海报，知事或酷MA萌演出的时候允许熊本当地的媒体进行舞台采访等。难得的是吉本兴业几乎全部都接受了。

庆幸的是，吉本兴业和自治体合作开展的这项事业刚刚起步，他们也想知道和自治体合作都能做哪些事吧。因此他们把我们当作一个试例，对我们的各种提案都非常积极地进行了探讨。

△ 蒲岛知事、山本纱衣宣传部长、酷MA萌在吉本的舞台上

我要拼命工作，也要拼命吃

为迎接1月24日开始的"难波大花月熊本周　熊本

美丽近距离！"活动，我们在 2011 年 1 月 14 日召开了记者见面会。

熊本县政府的蒲岛知事和酷 MA 萌，吉本兴业的吉本和广告制作公司会长、"马上就去就来"相声组合，还有未知安江出席了记者见面会。3 月份就要迎来九州新干线全线通车，关西的媒体开始关注沿线各县的动态。因此对酷 MA 萌的宣传活动也给予了高度的关注。记者见面会召开前就有很多媒体申请到现场采访。

酷 MA 萌团队又开始研究对策了。在这么多媒体的聚焦下，只做舞台的宣传也太"可惜"了。既然吉本的大人物"马上就来"（里谷正子）小姐要登场，那么我们也要让大人物上场了。于是我们带去了世界上最大的柑橘类八代产晚白柚，并大张旗鼓地摆在记者见面会的桌上进行展示。

在记者见面会上，酷 MA 萌把八代产晚白柚当作土特产送给了"马上就来"小姐。

但可惜的是晚白柚被酷 MA 萌和"马上就来"小姐捧起来后看起来变小了。即使这样，"马上就来"小姐还是很有服务精神地单手举起晚白柚卖力地宣传，她一边拍着肚子，一边抖包袱："我可以一个人全部吃掉，厉害吧！"酷MA萌也模仿她的样子说："我可以一个人全部吃掉，厉害吧！"

酷MA萌说："我要拼命工作，也要拼命吃。"

△ 酷MA萌抱着晚白柚

1月24日，《熊本旅馆骚动记》的正式演出开始了，里面还有酷MA萌的跌倒场面，他真的在拼命工作呢！

看到记者见面会也进行得这么顺利，酷MA萌团队不禁在心中高喊："大妈！我们做到了！酷MA萌总算在吉本出道了！"大家还摆出了庆祝胜利的姿势。

从北边青森的《东奥日报》到南边的《熊本日日新闻》，包括电视和网络新闻在内的46家媒体报道了这场记者发布会。舞台正式演出的时候，又接受了23家媒体的报道。

这次活动以较低的费用产生了巨大的效果，极大地提高了熊本县政府的知名度。

🐻 尽管拍照吧

20天后九州新干线就要全线通车了，2011年2月19日、20日，我们酷MA萌团队在难波凑町河畔举办了"熊本珍品庙会日"。这是通车前的最后一次大规模活动。

活动以熊本新干线沿线的市町村为中心向大阪群众介绍熊本的美食和观光地。我们也是第一次在难波举办这种活动。米粉面包、番茄太平燕（八代特产加入了番茄的太平燕。太平燕是一种加了很多熊本当地食材的粉丝汤）、水俣什锦汤面等，很多都是首次在县外开店出售。九州新干线通车前，关西地区也逐渐开始报道熊本和鹿儿岛的情况，虽然曝光度在不断增加，但我们仍然觉得熊本终究只是日本47个都道府县其中的一个，真的会有客人来吗？越想越觉得不安。

于是，我们参加了产经新闻社每年都要举办的"难波环城拉力赛＆珍品庙会日"。

活动要求人们在难波街上进行步行拉力赛，比赛的终点在"凑町河畔"，也就是"熊本珍品庙会日"的会场。这样的策划确实能聚集人气。

但是，"难波环城拉力赛"只在20日周日一天举行，而考虑到商户的情况最少要开店两天才会有一定的营业额。

为此酷MA萌团队再次开会讨论，决定19日周六就想办法招揽顾客。

有人小心翼翼地提议道："那个……以'酷MA萌粉丝答谢日'的名义进行舞台表演来活跃会场气氛可以吗？"

"酷MA萌粉丝答谢日？"

"嗯，之前又是神出鬼没又是海报活动的，酷MA萌已经相当有人气了，再请串炸君、石麒麟等吉祥物好朋友过来和粉丝们进行一整天的互动……"

"说是粉丝答谢会，真的会有粉丝来吗？"（欸，突然变大阪腔了！）

"最近还有酷MA萌的追星族呢，在推特或博客上号召一下应该会吸引相当数量的粉丝吧……"

"相当数量的……说是这么说，但如果到时候没有相当数量的人过来，那就太对不起特地从熊本来到这里开店的商户们了。"

"你说的没错，但是从目前酷MA萌收到的圣诞卡和贺年卡的数量来看，粉丝的数量应该是相当可观的。但不知道他们会不会真的来到会场……而且2月的室外还这么冷……"

酷MA萌到底有多少粉丝？他们真的会特地来难波吗？酷MA萌团队内部产生了意见分歧。

虽然还没到争论不休的程度，但讨论已经白热化了。

"成了也没关系！不对，是不成也没关系！先做再说……欸，还在犹豫什么呢？反正也没有其他更好的办法了吧。现在正是检验之前工作成果的时候。我认为之前工作的方向是正确的。既然这样，应该可以召集粉丝前来，不，是一定会吸引他们过来。我们要更有信心才是。万一粉丝们没有来，我们再挨个向商户们低头道歉好了，还能借此机会调整今后宣传的方向，有助于酷MA萌更好地在大阪开展活动。"

（啊！这难道不就是之前经常出现的那种"好极了！"的提议吗……说得真绕口！）

"既然这样，那就建一个'酷MA萌博物馆'吧，贴上目前为止出过的所有海报，再装饰上在吉本新喜剧剧场演出时收到的艺人签名供粉丝们参观，这个想法如何？

然后，还可以举办酷MA萌的粉丝签名会……"

"……博物馆？签名会？……签名，是指让酷MA萌来签名吗？怎么感觉这个活动越来越离谱了……知道了，交给你了，就照你的想法去做吧。"

负责人一直陪伴酷MA萌开展各种活动，也切身地感受过他的人气。<u>虽然上级领导和负责人对这件事的热情有所不同，但最后还是尊重了负责人的意见，通过了"酷MA萌粉丝答谢日"的提议。</u>不过大领导的大阪腔很地道嘛！

活动当天，虽然天气晴好，但毕竟是2月份，正值深冬。大家一边口呼白气，一边为10点钟的开店做准备，这时人们三三两两地聚集过来了……

"玉名产的草莓在哪里？"

"品尝会要用的有明海产的蛤仔贝汁，摆在哪里比较好呀？"

才刚过8点，客人就开始多起来了。

刚想着"果然还是食物最有人气啊"，就听到有人问："在哪里能拿到酷MA萌的签名呀？"

"我还想要他的名片。"

"可以也给我一份吗？酷 MA 萌的签名和名片！"

欸？大叔也要？路过的女性朋友听到这话后，急切地问道："欸！可以拿到酷 MA 萌的签名吗？！在哪里在哪里……"

工作人员慌慌忙忙地让大家排好队，然后开始签名会的准备工作。

本来我们只是想利用舞台表演的间隙办个签名会装装门面，但等我们回过神来，活动将在 10 点正式开始，而这时索要签名的队伍已经排成长龙。

"这可不得了，会影响舞台表演的。必须赶紧划定界线，签名会只在舞台表演的休息时间进行。"

"可是舞台表演的休息时间不让酷 MA 萌休息的话……"

"现在不是说这话的时候，处理不好的话，现场真的会失控的。"

这也太夸张了吧……不过我们仔细瞧了瞧，发现在带着孩子的女性队伍中还混入了很多大叔。他们是来干吗的？也是为了拿酷 MA 萌签名的吗？

我们一面深刻反省着自己对大叔的偏见，一面再次震惊于酷 MA 萌的超高人气。

结果，我们准备的 450 张签名彩纸全部用完了，也就是说共有 450 人向酷 MA 萌索要了签名，这让负责人也大吃一惊。

　　（话虽这么说，但负责人很有先见之明，从一开始就备足了 450 张"印有酷 MA 萌标志的特殊签名彩纸"！）

△ 酷MA萌在特制的彩纸上签名

　　不只签名会出乎我们的意料，现场还不断有人围过来给正在签名的酷 MA 萌拍照。（个人觉得，酷 MA 萌稍稍低头的表情更可爱）时间到了，酷 MA 萌要转移到舞台上表演了，拍照的人群便高举着相机追着他的身影向舞台移动。酷 MA 萌小跑了几步，人群也跟着小跑起来……看到这个场景，酷 MA 萌团队不禁感动地红了眼眶。

酷 MA 萌一边蹦蹦跳跳地从人群旁边经过，一边说着：
"尽管拍照吧。"

（他肯定是把自己当成熊中裴勇俊了！）

还有关西的各家电视台都争相前来采访，这也是我

△ 因为酷MA萌粉丝答谢会而欢聚一堂的粉丝们

们没有预料到的。

"你知道这列长队到底是怎么回事吗？"签名会的长
队受到瞩目，成为新闻的大标题。一群人举着相机追在
酷 MA 萌后面跑的时候，电视台的人就举着摄影机追在
人群后面跑。

（喂，青岛刑警吗？这次的事件发生在现场哦。[1]）

在舞台上，酷 MA 萌和石麒麟、串炸君等吉祥物好朋友一起玩了抢椅子、木头人等游戏，还和大家一起跳了"酷 MA 萌体操"，粉丝们度过了非常充实的一天。

而且，因为酷 MA 萌在难波大花月剧场演出过的关系，吉本兴业也派出代表前来捧场。因出演"白痴坂田"而为观众熟知的坂田利夫师傅和太平三郎先生，还有年轻的艺人们都先后登上了舞台，大家愉快地和酷 MA 萌逗趣，引得会场一片沸腾。

<u>虽然有这么多朋友的声援和捧场，但这是一场名副其实的"酷 MA 萌粉丝答谢会"，酷 MA 萌始终是绝对主角。这一天也让酷 MA 萌团队确信了之前在关西做的所有努力都是值得的。</u>

---

① 青岛刑警指的是日本电视剧《跳跃大搜查线》的男主角青岛俊作，剧中多起案件都发生在审讯室。此处是以活动现场发生案件的夸张说法来形容现场气氛异常活跃。——译者注

第二章

酷MA萌在不断进化

实体化是一大难题

酷 MA 萌原本是作为"熊本惊喜"运动的宣传角色登场的。

九州新干线全线通车前，熊本组建了"新干线元年委员会"。根据委员长石原靖也的提议，由小山薰堂担任新干线元年工作的顾问。小山薰堂出生于熊本县政府天草市，是电视编剧和脚本作家，同时还担任东北工科艺术大学设计工学院企划构想系主任。

"熊本惊喜"运动就是小山薰堂提出的元年工作的一

89

部分。小山薫堂委托他的设计师朋友水野学(好设计公司)负责吉祥物的形象设计。小山薫堂和水野学可以说是酷MA萌的缔造者。

因为要用表情来传达"惊喜"的感觉,所以刚开始酷MA萌总是一脸吃惊的样子。酷MA萌是一只黑熊,表情吃惊并且脸颊通红,基本照搬了熊本民谣《芋头姑娘》里的红脸颊元素,设计极其简单。

据说史蒂夫·乔布斯将列奥纳多·达·芬奇的名言"简单就是终极的复杂"印在了1977年发行的苹果2代宣传册封面上。设计简单的酷MA萌无疑是吉祥物界高贵的iMac(苹果电脑)。但一开始我们并没有预感到他会大红大紫……

正因为设计简单,酷MA萌首次实体化的样子和水野学的设计形象相差甚远,以致马上就被处理掉了。我们也把这当作"太过草率的失败品",很快便抛之脑后。但是后来当地的《熊本日日新闻》制作了酷MA萌特辑,时隔许久再次在照片上看到,我们自己也吓得倒吸一口凉气。

酷MA萌本人说:"实体化是一大难题。"

这应该是他当时深刻反省后的感言。

实体化的酷MA萌刚开始是很苗条的，对此他解释说，因为熊本县政府有丰富的地下水，农林渔业都很发达，食物又很美味，吃了这些以后就变胖了。酷MA萌自认为这个回答非常机智。

……但是你的动画形象从一开始就是这么胖的吧？

面对酷MA萌团队的吐槽，酷MA萌满脸通红，心虚得连声音也变小了。

△ "熊本惊喜"的标识和动画形象的酷MA萌

酷MA萌可不是"熊怪"的简称！

"酷MA萌是什么的简称呀？"

因为彦根猫大概就是由"彦根的猫咪"缩略而来的

昵称。

酷MA萌这个名字来源于"熊本者"。"熊本者"，说成"熊本人"应该更容易理解。

在熊本，有以下这种说法。

"他是哪里Mon？"（他是哪里出身的？或者他是从哪里来的？）

"啊，他好像是天草Mon。"（他是天草出身的，或者他是从天草来的。）

"者"在熊本的发音是"Mon"，所以"熊本者"读作"熊本Mon"（KumamotoMon），缩略后就变成了酷MA萌（KumaMon）。

顺带说一下，熊本出产的东西叫"熊本之物"，也读作"熊本Mon"（KumamotoMon），所以缩略后也是酷MA萌（KumaMon）了？

也就是说熊本出身的人叫酷MA萌，熊本出产的东西也叫酷MA萌，熊本的一切都可以称为酷MA萌。

……现在才意外地发现酷MA萌原本就是熊本的象征。

酷MA萌本人澄清道："酷MA萌可不是'熊怪'的简称！"

没错，这一点必须强调。

其实我很敏捷

酷 MA 萌超高人气的秘密在于丰富的表情，他会用全身来表达喜怒哀乐。脸部稍稍倾斜，双手放在嘴上，表示高兴；向上举起右手并竖起大拇指，然后向前迈出右脚，表示"好"；他还可以左右摇晃着身体进行蹦跳。

是不是觉得这些表情似曾相识呢？没错，某个主题公园的老鼠角色就是酷 MA 萌的老师。吉祥物界的王牌彦根猫也是酷 MA 萌的老师。

虽然叫他们老师，但并没有学校可上，酷 MA 萌只是看样学样地努力掌握表演技巧，全靠偷师才习得了这门技艺。

酷 MA 萌可以淡定地爬上台阶，当然也能爬下来。他还能从不太高的舞台上跳下来，可以一骨碌躺下，也会学大人那样盘腿而坐，还会跑步……官方数据显示，酷 MA 萌跑 50 米大约需要 11 秒。

酷 MA 萌本人说道："其实我很敏捷。"

吉祥物当中也有无法自己移动的。不过如果一开始就设想过实体化的样子也许就可以避免这种情况了吧……

打个比方，阪神老虎队以托拉奇为代表的职业棒球吉祥物们可以非常轻松地向后转身，就像天生就拥有这种技能。

酷MA萌，既不能敏捷地向后转身，也不是超级帅哥，但是只要和其他吉祥物站在同一个舞台上，就会特别显眼。（难道是父母对自家孩子的偏爱？）酷MA萌不可能会老实待着，因此总是让人提心吊胆的，生怕他惹出什么麻烦来。在主办方的大人物们面前，他也难改男孩子调皮捣蛋的本性。这种氛围无形中也感染了观众，大家的目光不知不觉地就会被他吸引。而且要是酷MA萌真的惹事了，观众就更兴奋了。

酷MA萌会对粉丝们的话做出机智的反应。

比如，在大阪如果有熟人对他做出枪的手势并喊"嘣"，酷MA萌就会捂着胸口躺倒在地。

和粉丝们一起合影时，如果有人逗他说："酷MA萌，站在正中间拍照会早死的哟。"酷MA萌就会虚弱地蹲下，一副深受打击、情绪低落的模样。

酷MA萌的这些反应非常招人喜爱。

不仅近处的粉丝，酷 MA 萌还会照顾到远处的粉丝，并向他们挥手致意。

酷 MA 萌用行动告诉我们，吉祥物最重要的不光是脸和外形，还有动作和反应以及细致周到的服务。

我的性格也很像吉祥物

在上司知事的面前，酷 MA 萌也是一副调皮捣蛋的样子，而且在知事和重要客人谈话的大场面上依然我行我素，这让酷 MA 萌团队伤透了脑筋。

2011 年 8 月 22 日，冈山县的石井知事带着桃太郎和小女鬼来拜访蒲岛知事。前一年的 11 月，九州新干线全线通车在即，为了向沿线的知事宣传熊本，蒲岛知事带着酷 MA 萌拜访了冈山县的石井知事。这次访问是冈山县的回礼。

桃太郎是 2005 年举办"晴之国冈山国民体育大会 · 闪耀吧！冈山大会"时推出的吉祥物，是由冈山的代表性英雄人物桃太郎改编而来的。小女鬼出生于 2010 年，是以鬼为原型创作的吉祥物，是一个很可爱的女孩子。

两位知事在媒体镜头的聚焦下进行亲切会谈，在他们身后，桃太郎和小女鬼正乖乖地并排站着，但眼尖的酷MA萌立刻注意到现场有个笑容可爱的女孩吉祥物，便一个劲儿地凑上前去和小女鬼搭讪。

这时小女鬼显得非常不情愿，想必笑容下一定是满满的困扰。在两位知事面前，媒体朋友们也只能摇头苦笑。

酷MA萌真是够了，他本人还说："我的性格也很像吉祥物。"

"不只性格，你本身就是个吉祥物呀。"面对这些吐槽，他也毫不介意。

其实最爱看酷MA萌调皮捣蛋的是蒲岛知事本人。

△ 花园橄榄球场上的吉祥物军团

因为知事最后还表扬他"今天表现不错"。最近甚至还提出在自己忙的时候，就让酷MA萌代他出去拜访……

酷MA萌真是找到知己了呢。

彦根猫还没被拍成电视剧呢

酷MA萌在进军关西的时候，最早遇到的吉祥物是彦根猫，这真是太幸运了。

因为他大方地向酷MA萌传授了如何在吉祥物界始终保持超高人气的秘诀。

秘诀包括作为吉祥物的思想准备、举止动作，吉祥物界的规矩……

毫不夸张地说，这次相遇极大地改变了酷MA萌此后的命运。

和彦根猫的初次见面是在2010年8月27日。9月即将迎来"酷MA萌'神出鬼没'大作战"，酷MA萌参加"关空夏祭"本来只是当作活动前的一个热身活动，但没想到彦根猫恰好是活动的特邀嘉宾。

这时的彦根猫已经确立了他超级明星的地位。酷MA

萌团队早就想结识他了,还好酷MA萌也参加了这场活动。同为吉祥物工作人员的人很容易产生亲切感,所以在登台前我们主动和他们打招呼并表示问候,彦根猫和女性工作人员也微笑着回应了我们。

这时酷MA萌团队中的一名成员向这位女性工作人员搭话说:"今天很热呢,彦根猫也很辛苦吧,一定满身大汗了吧。"

"彦根猫是不会流汗的哦。"

也许是心理作用吧,总感觉她的笑容里都有了阴影。

"但是,这么热的天,里面的……"

话音未落,她便说道:"彦根猫就是彦根猫哦。这点还希望您能明白。"

虽然语调还是那么温柔,但很明显她的眼中已经有了怒气。

"是。"那名成员一边傻乎乎地回话,一边想着套近乎不成只能暂时作罢了。

(惹她生气了,是我说错什么话了吗?我明明想和她处好关系的……)

酷MA萌团队很沮丧,但酷MA萌看都没看他们一眼就和彦根猫一起登上了舞台。

会场被一片欢呼声所笼罩。彦根猫张开双手，一边绕着舞台走动，一边从左到右，由近及远，向整个会场的观众们挥手，回应他们的欢呼。酷MA萌也学他向观众挥手……但是酷MA萌，你的动作也太僵硬了吧？

酷MA萌团队看着台上的彦根猫，重新认识到了他的与众不同。于是，大家难得露出了认真的表情，擦亮眼睛开始关注彦根猫的一举一动，并下决心必须把所看到的一切偷学过来。

舞台表演结束后，彦根猫和工作人员满脸笑容地向我们走来。

"辛苦了！您明白了吗？彦根猫就是彦根猫哦。因为我们的工作是为众多客人带去梦想，所以无论台上还是台下，都要注意自己的言行举止。千叶那个主题公园的老鼠先生也是一样的吧？"

"和那个主题公园的老鼠一样啊！……真了不起！……但是你为什么要告诉我们这个呢？"

"刚才，我在舞台侧面看到你们一脸认真地盯着彦根猫，就想你们应该已经明白了吧。而且，不光彦根猫，如果吉祥物们能一起为更多客人带去梦想，那不是很美好吗？"

（真正美好的人是你呀！对吧，酷 MA 萌？）

这句话酷 MA 萌团队并没有说出口，只是心照不宣地望向了酷 MA 萌。

回头一看，彦根猫和工作人员已经走远了，只有夏天的海风轻轻拂过，让人心旷神怡。

后来，酷 MA 萌在各地参加活动时也会经常碰到彦根猫。彦根猫有独立的休息室，就算同为吉祥物，也绝对不会让对方看到自己有所松懈的样子。

酷 MA 萌团队心想也许彦根猫的人气和他们始终贯彻的这条方针有关。

"毕竟是出过绘本和演过电视剧的名人啊。"

△ 酷MA萌和彦根猫

酷MA萌不满地说："彦根猫还没被拍成电视剧呢。"

"……欸？是吗？……啊，酷MA萌，你也真是的。"

🐻 我姑且算个公务员

2011年3月11日，也就是九州新干线全线通车的前一天，日本发生了东日本大地震。

熊本县政府宣传部长山本纱衣接到了现场演出的通告，所以地震发生时我们酷MA萌团队正在观看大阪读卖电视台的《实况资讯　宫根屋》节目。因此，虽然熊本并没有震感，但我们实时得知了地震发生的消息，之后也一直紧密关注着电视台的相关报道。我们不得不忙着应对各种事态，包括中止了庆功会和欢迎活动，并延迟了在关西地区的新闻出稿，等等，但只要一想到灾区，就深知我们面临的困难实在微不足道。

酷MA萌也开始在活动中谨言慎行，酷MA萌团队每一天都在苦闷中度过。

有人提出，这种时候才更应该发挥吉祥物特有的治愈功能吧？但也有人提议，在考虑治愈之前应该为祈祷留出充足的时间。因为完全失去了酷MA萌的消息，推特上的网友们非常担心。

"我在认真地思考自己能做些什么。可能会花点儿时间，但我想尽自己的努力得出一个答案。就在这几天我的生父小山薰堂和他的团队建立了一个名为kizuna311.com的网站，我想我也许能从中得到一些启示。"（3月16日17点53分）

虽然酷MA萌平时总是那么胡闹，但当时他唯一能做的就是在推特上写下这段话。

酷MA萌说："我姑且算个公务员。"

不只公务员，许许多多的日本人乃至全世界的人们所能做的也只是每天为灾区祈祷。

（虽然酷MA萌团队一直处于愁闷的状态，但熊本县政府在全力支援灾区，比如派出了救灾直升机，在宫城县东松岛町设置了救援点，派遣政府工作人员并提供物资，等等。酷MA萌团队也派出工作人员前往救灾。）

很多网友在酷MA萌的推特上留言。

"希望酷MA萌能早点儿找到答案，期待你为我们带来更大的惊喜，让新干线再次连接东北和九州。"

"酷MA萌真的成了大阪和熊本之间的桥梁。让我们好好珍惜这种联系！加油！酷MA萌！"

"酷MA萌好不容易才诞生，他一定能帮上大忙，让笑容之花再次在日本盛开。不要忘了他是如此深受大人和小孩的喜爱。"

"酷MA萌没有活力的话，熊本也会失去活力的！因为他身在九州却支援着全日本！"

"我看了酷MA萌的动画后就被他的活力感染了。"

"酷MA萌肯定会治愈大家的！许多人正身处不安之中，请去治愈他们吧！加油，酷MA萌！"

"如果酷MA萌和各地的吉祥物一起拿着募捐箱呼吁捐款的话，一定会募集到很多善款的。"

"现在只要是力所能及的事，我都会去做。和酷MA萌一起行动起来吧！"

光是在推特上，无数温暖的留言就可以汇编成一本书了。我们真切地感受到了人们的支持，内心充满了感激。

就像推特上网友们所说的，开始有人提出，"没必要一直这么拘谨，让没有受灾的九州为人们带去活力吧！"还有人提议，为了支援灾区，让我们创立"酷MA萌募捐"吧。

终于有酷MA萌能帮得上忙的地方了。为了援助灾区孩子的教育，酷MA萌站在街头开始了募捐活动。

3月25日，酷MA萌在推特上发出"我决定从号召大家开展募捐活动做起。今天13点至14点在船场中心大楼，15点至16点在新世界，我在现场恭候大家"。

以大阪和熊本为中心，酷MA萌站在街头上呼吁大家捐款。

为响应酷MA萌的号召，个人自不必说，各类企业、团体等都参与了募捐。县内外爱心人士众志成城，"酷MA萌募捐"的总额超过了1600万日元。

第二年，2012年1月29日到30日，酷MA萌访问了岩手、宫城、福岛各县厅，将自己收集的众多"爱心"传递给他们。各县都非常欣喜，并表示会为了孩子们用好每一分钱。

还有"酷MA萌体操"呢

2011年6月4日，在益城町的熊本大集市举行了"东日本大地震复兴支援慈善义卖"活动。

4月中旬，知事一锤定音决定举办这个活动。时间就定在 6 月上旬！绝对来不及筹备了。通常，这种规模的活动最少从半年前就要开始准备了。

但既然决定，便只许成功。为了迎接这次活动，熊本县政府召集了以酷 MA 萌团队为代表的县厅特种部队。

*好久不见。相信大家都已经知道了，不存在什么特种部队。

在招募商铺的同时，我们也在思考揽客妙招。我们也考虑过举办舞台活动，熊本县政府宣传部长山本纱衣也为了这个活动特意从东京赶过来。酷 MA 萌也在考虑出场表演的事，并提议"还有'酷 MA 萌体操'呢"。

酷 MA 萌是想在幼儿园和保育园的孩子们当中举办"酷 MA 萌体操冠军赛"。

孩子们充满活力的样子也会感染周围的大人。活动刚开始，酷 MA 萌就相继走访了县内各地的幼儿园和保育园，教会了很多孩子跳酷 MA 萌体操。其中几所还制作了体操服，设计了舞蹈动作。于是，酷 MA 萌便想到让各所幼儿园和保育园进行体操比赛。

孩子们出场的话，父母或祖父母也会陪同，这样会场就会越来越热闹。

虽然招募的时间很短，但是马上就有4所幼儿园和保育园报名参赛了。

难得有人支持我们的想法，愿意出场表演，酷MA萌团队是为了推进"熊本惊喜"活动而成立的，那么光是让他们跳操可不行，我们必须用最大的惊喜来招待他们。

首先，我们邀请了酷MA萌和山本纱衣担任审查员。在体操比赛的舞台上设置审查员席，选手们跳完后审查员会对其进行点评，同时留出时间与他们合影留念，还准备了奖状，上面有酷MA萌和山本纱衣的签名。而且优胜的队伍还能得到一份惊喜，就是最后可以和酷MA萌以及山本纱衣一起再跳一次酷MA萌体操。主持人是熊本的当红明星大田黑浩一，他以志愿者的身份参与了

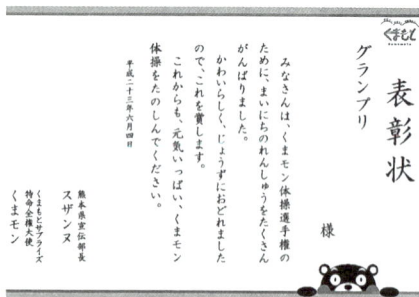

△ 酷MA萌体操冠军赛最高奖的奖状

这次活动。(不仅大田黑浩一，所有人都是无偿出演的。感谢大家的支持！)

各所幼儿园和保育园的参赛选手们都期盼着比赛的日子，比赛当天在舞台上充分展示了他们精心设计的动作。那天他们也全身心地享受着我们准备的特别惊喜。

就这样结束的话太可惜了。如果还有其他机会，一定要再次举办"酷 MA 萌体操冠军赛"。如果可能的话，先在全国各个地区举办预选赛，然后选出各县的代表参加全国大赛……

虽然没达到那种规模，但是"酷 MA 萌体操冠军赛"后来更名为"酷 MA 萌体操大集合"再度来袭。

2011 年 10 月 2 日，我们在熊本城二丸公园举行了"酷 MA 萌体操大集合"活动。县内自不必说，县外的粉丝也很踊跃，远至山梨县都有粉丝前来参加。最后共召集了超过 3900 名酷 MA 萌粉丝一起来跳酷 MA 萌体操。

借着"酷 MA 萌体操大集合"的机会我们还举办了"酷 MA 萌模仿赛"。福冈县的女子二人组打扮成万圣节版的酷 MA 萌，一对共同参赛的母子裁剪缝制了各种各样的县内产品并把它们放在手工包里，甚至还有人为了制作参赛用的玩偶服套装暂停了工场作业⋯⋯

看着大家良好的状态，可以想象到他们很享受花时间准备比赛的这个过程。不光是在台上酷 MA 萌和他们一起跳体操的时候，其实从粉丝们决定参加比赛的那一刻起就和酷 MA 萌紧紧地联系在一起了。

🐻 **熊多关照！**

在酷 MA 萌团队和酷 MA 萌关注者中产生了很多"酷 MA 萌语"，现在仍在不断增加中。酷 MA 萌粉丝之间如果用共同的"酷 MA 萌语"交谈，场面会变得非常欢乐。这里我就介绍其中的一部分吧。

"熊多关照！"是酷 MA 萌本人创造的。

"早酷 MA" ＝早上好

"熊情" ＝详情

"熊了" ＝糟了

"三酷 MA" ＝ Thank you（谢谢）

"熊质" ＝品质

"需要熊查" ＝需要检查

"熊上登录"＝马上登录

"……是 Mon"

"嗯——，熊都吃饱了"

"嗯，有人在叫我 Mon？！"

这种俏皮话变成长句子的话……

"早上好，欢迎来到日本三大名城之一的熊本城。"

"早酷 MA，今天也请熊多关照。"

"早上喝的酸奶是用阿苏山泽西乳牛的牛奶制成的呢。"

"我要睡觉了 Mon。晚安矿泉水会从水龙头出来哦。"

"生日快乐，唔——啾——卡噗。"

《 第三章 》

预算所产生的效果是预期的8倍

为了让大家来熊本观光

在本书的开篇部分，我们虽然信誓旦旦地声称"作为 2010 年 3 月刚出生的一个地方级吉祥物，酷 MA 萌之所以能在全国吉祥物大赛上夺冠，全靠熊本县政府精英部队酷 MA 萌团队在小山薰堂师傅的指导下夜以继日、坚持不懈的努力"。现在是时候坦白了，我们酷 MA 萌团队真正的目的并不是让酷 MA 萌在"吉祥物大赛"上夺冠，而是让"熊本"夺得第一。

"我们想让熊本县政府成为 47 个都道府县中最好的

一个县，让大家都愿意来熊本观光，体验熊本的乐趣，享用熊本的美食，使用熊本的产品，并来熊本发展事业。"

"我们还想成为县民幸福指数最高的一个县。想让熊本县政府民们都能意识到在这片土地上出生、成长、学习、工作、育儿、生活是件多么幸福的事。"

2011 年春天，九州新干线全线通车了，从新大阪能够直达熊本。这对于熊本县政府民来说是个"千载难逢的好机会"。

我们首先瞄准了沿线的人们，希望能以新干线连通为契机，让他们"愿意来熊本观光，体验熊本的乐趣，享用熊本的美食，使用熊本的产品，并来熊本发展事业"。

这就是酷 MA 萌团队的使命"关西战略"，即"以提高熊本在关西的知名度为目标"。

为了完成这个使命，我们决定借助"熊本惊喜吉祥物酷 MA 萌"的力量。

虽然这么决定了，但实际上要如何开展呢？全面委托给策划公司，通过竞争得出最佳方案吗？最重要的"宗旨"，也就是最不可或缺的东西是什么呢？

酷 MA 萌团队所得到的预算是 8000 万日元（2010 年度）。预算 = 税金，这笔钱来自全体熊本县政府民。

8000万日元对于普通百姓来说是一笔巨款，但是要想在关西的报纸上刊登广告，在电视台上插播商业广告，这笔钱是完全不够的。（以下仅供参考，某国家级报纸的大阪总公司版，每月刊登一次整版广告，发行一年，所需金额大约是8000万日元。）

　　当然报纸广告会产生相应的效果，但是广告登完了宣传也就结束了。光这样是不行的，有没有办法将这笔钱用出2倍或3倍金额的效果呢？

发现日常生活中的美好

　　我们酷MA萌团队潜心研读了小山薫堂的著作。

　　包括《太可惜了——不景气中涌现出的好创意》（以下简称《太可惜了》）、《不需思考的提示——创意是这样产生的》（以下简称《不需思考的提示》）、《惊喜让人快乐——忍不住要制造惊喜》（以下简称《惊喜让人快乐》）、《改变社会的企划术》，还找出了他以前在熊本做的报告会记录。

　　在《改变社会的企划术》一书中，有一部分直接写到了"熊本惊喜"。

我在熊本演讲的内容是"让熊本县政府民们一起来回想有没有做过让谁大吃一惊，同时自己也感到非常幸福的事"。

或者说，我的提议是"在熊本县政府内，从人们的日常生活中寻找可以作为惊喜的素材"。

来熊本观光的人如果对此大加赞赏，那么为了别人而制造的惊喜，最终受益的是自己。

所谓发现日常生活中的美好，也就是要留意平时所忽略的东西。

这样做还可以丰富自己的生活。

如果能够意识到很多事物的存在本身就有着巨大的魅力，那么游客自然会增多。这才是真正的"熊本惊喜"。

这也关系着蒲岛县政目标"县民总幸福指数最大化"的实现。

酷MA萌是由"熊本惊喜"诞生而来的吉祥物，自然也要本着这个理念开展活动。

无论是在县内还是在关西开展活动，我们始终不忘初心。

我们的舞台在关西，别动部队的舞台在熊本县政府内。他们的任务是制造惊喜让"来熊本观光的人赞不绝口"。因此我们的任务是在此之前要让人们对熊本感兴趣并愿意来熊本观光。

那么，酷 MA 萌在关西的活动中起着怎样的作用呢?

把钱都花在宣传上太可惜了

《不需思考的提示》一书中写道:"我一直认为打广告或制造话题，有无数种方法可以既不花钱又能提升宣传效果。"

在《太可惜了》中，对"就算要花钱，但把钱都花在宣传上太可惜了"这一想法是这样表述的:

我始终觉得把钱都花在宣传上太可惜了。只要能设计出让人们大吃一惊的有趣活动，自然就会有人聚集过来。

说到营销，人们总是容易在"如何宣传"上花钱，但我的想法是要削减开销，并利用这笔钱设计出有趣的方案从而吸引眼球。

如果只是想着用现有的预算能打多少广告，那不过是简单的加法和减法问题。小山薰堂的想法是将开销削减至正好，像乘法一样把各种元素叠加起来扩展开去，从而产生几何效应。

我们也想挑战一下这种做法。

让肥嘟嘟的酷MA萌成为大家的"营养素"

在《太可惜了》一书中小山薰堂还写道："我想培养'营养素'型人才。"就是"经常被周围的人评价为'有他在就会很欢乐'的那种人"。

"……他人的营养素……"

"……有酷MA萌在就会很欢乐……"

不知道谁突然这样自言自语道。

这时我们已经发现了酷MA萌身上的营养素潜质。于是酷MA萌团队下定决心要把酷MA萌培养成"他人的营养素"。

更让我们惊叹的是《惊喜让人快乐》一书的开篇部分有这样一段话：

非要举例的话，惊喜也许就像是生活中'肥肉'的部分。正因为有肥肉(惊喜)，每天的生活才不会干巴巴的。

有了日常生活中的肥肉，每天都能过得有滋有味的。

"！"（如您所知，这是"熊本惊喜"的惊叹号标志。）

这不就是在说酷 MA 萌吗？

我们不禁确认了一下发行日期。这本书是 2009 年 4 月 10 日发行的。小山薰堂不会是预料到了酷 MA 萌会在 2010 年 3 月出道，所以在这本书中埋下了惊喜的种子吧？因为就像酷 MA 萌自己说的"还是个孩子就这么胖了"，肥胖体质的酷 MA 萌全身都是肥肉！酷 MA 萌完完全全就是由"惊喜"构成的。

我们的视角也渐渐清晰起来了。因为最重要的活动"宗旨"已经明确了。

根据事前赋予价值的多少，事物的价值也会发生变化。对于将要面世的事物，人们会赋予它多少价值，会对它投入多少感情，这决定了它的价值。而提升事物价值的方法，就是所谓"策划"。

这段话在我们读来就变成了"根据事前赋予价值的多少，酷 MA 萌的价值也会发生变化。对于将要面世的酷 MA 萌，人们会赋予它多少价值，会对它投入多少感情，这决定了它的价值。而提升酷 MA 萌价值的方法，就是所谓'策划'"。

酷 MA 萌体形肥胖，一身肥肉全是惊喜。将这样的酷 MA 萌培养成他人的营养素，就是他的"价值"。

🐻 形成明确目标和强大凝聚力的瞬间

要想制造惊喜并获得好评，首先从确定对象的那一刻开始就要有方向性地收集信息，需要收集对象本人以及对象周围的信息。这样渐渐缩小范围，所收集的信息将有助于我们更快地形成正确的方案。

信息收集完毕后，在制造惊喜时需要考虑的是"为他做什么才能让他开心"。不设身处地为他人着想是不行的。

最后，我们觉得最为重要的是，在决定一起制造惊喜的瞬间大家成了一个整体。因为这时我们形成了非常明确的目标和强大的凝聚力。我一直觉得这是件特别了不起的事。

——《改变社会的企划术》

我们的目标对象是以大阪为中心的关西人，这点非常明确，所以我们需要做的是收集"关西人以及关西人周围的信息"。这时我们设身处地地思考着，为关西的人们做什么他们才会高兴呢？

也就是说，酷MA萌要成为"关西人的营养素"，他体形肥胖，一身肥肉全是惊喜，完全是"惊喜体质"。

抱着这样的想法，在"投入感情"后，我们决定推出酷MA萌。我们坚持着以下3点方针：

1. 只要能设计出让关西的人们大吃一惊的有趣活动，自然就会有关西人聚集过来。

2. 削减开销，并利用这笔钱设计出有趣的方案从而吸引关西人的眼球。

3. 像乘法一样把各种元素叠加起来扩展开去。

这就是酷MA萌团队"形成明确目标和强大凝聚力"的瞬间。

有很多途径可以收集到关西的信息。我们有熊本县政府大阪事务所，酷MA萌团队里有的职员原先就在大阪事务所工作，还有的职员在大阪上的大学。

经过各种讨论，我们终于达成统一认识——入乡随俗，以搞笑文化为基础推出酷MA萌！然后通过博客和推特，尽可能让更多的人知道酷MA萌。

相声、捧哏和逗哏、吉本新喜剧、甲子园球场、阪神老虎队、新世界、串炸、道顿堀、哈兰·山德士上校、大阪摔跤、宝冢、节日彩灯……

其中，作为最初的目标对象而受到关注的是在第一章中介绍过的阪神老虎队的甲子园球场、因串炸而闻名的新世界、相声的殿堂吉本新喜剧。

🐻 "一举两得"的策划方案

在策划方案竞标的时候，我们特别邀请了大阪的策划公司。因为我们知道要想让设计出的策划方案切中关西人的要害，就必须依靠当地的公司，因为他们最了解关西的风土人情。当然，还必须了解熊本方面的情况，因此我们决定采取大阪和熊本两地的公司共同提出策划方案的形式。

竞标的核心内容是：在大阪完全没人知道酷MA萌的情况下（这个时候，就连熊本也几乎没人知道），请设计出一个方案让酷MA萌最大程度地引起话题，并被大阪的媒体报道。"一举两得"的策划方案是酷MA萌团队经常说的一个词。小山薰堂也在《太可惜了》中写道："我觉得只是为了买媒体版面的宣传方式，实在太可惜了。"

后来他又接着写道："迄今为止，我参与的策划有一个共同点，就是不使用宣传费却达到最大的宣传效果。换句话说，就是把钱用在创造时机上。我认为凡事都有一个关键点，只要在这一点上努力，就能让效果提升好几倍。如果没有意识到这个关键点而让力量变弱变散，那就太可惜了。"

我们并没有信心能准确地抓住这个关键点，但是因为"只是为了买媒体版面的宣传方式"而花钱太"可惜"了，所以为了让媒体们把竞标会当作"新闻"来报道，我们在策划方案竞标会上也特别下了一番功夫。

在开展竞标之外的活动时，我们也时刻关注着是否有媒体报道我们的"官方推广"（Publicity）行为。关键词是"首次""唯一""知事亲自宣传（高层促销）"。

▶ 　＊根据三省堂大辞林的解释，"官方推广"（Publicity）是指企业、团体、政府机关等积极地把其有关的产品、事业等提供给大众传媒，促使他们通过大众媒体进行宣传报道。真是长见识了呢。

换算成广告费竟高达 6 亿 4000 万日元！

　　活动开始的第一年度 2010 年，我们在关西地区的推广活动中取得了不少成绩，在此介绍其中的几项。

　　实际上，酷 MA 萌是在 2010 年 8 月 27 日的"关空夏祭"上正式在关西出道的。在这之前，酷 MA 萌到《产经新闻》大阪总部进行礼仪性拜访……8 月 28 日的《产经新闻》用了 4 个段落的文字加照片介绍了这次拜访活动，实现了酷 MA 萌在新闻报纸上的关西出道（首次）。同一天的《产经体育报》上登出了彦根猫和酷 MA 萌的大张合影，再次对酷 MA 萌进行了报道。《MSN 产经新闻》则用了更直接的表达方式——"熊本的酷 MA 萌在'关空夏祭'上实现'关西出道'并来我社进行宣传"。

　　"酷 MA 萌'神出鬼没'大作战"开始后，9 月 6 日，酷 MA 萌在女仆啤酒屋出没的时候，以"酷 MA 萌也会服侍客人吗？！"的标题加照片登上了《富士晚报》，并被介绍为"熊本来的吉祥物酷 MA 萌"。

　　10 月 6 日，我们在大阪府丰中市举办了乡土料理教室，《产经新闻》以"熊本知事也赞不绝口 大阪事务所开设乡土料理教室"为题，附上了知事和酷MA萌的照片进行介绍（知事亲自宣传）。

2010年10月27日，熊本是都道府县中第一个在近畿地区的罗森店内开设试销店的，开设的店铺名为"熊本好物"，罗森的新浪社长、蒲岛知事还有酷MA萌都出席了开业的记者见面会。熊本县政府内以及关西的所有电视台都对此进行了采访和报道，诸如"知事亲自宣传""首次""唯一"等字眼出现在多家报道里。

之前介绍过的"吉本新喜剧"在全国的播出也是首次，而且还受到了大规模的报道。"吉本新喜剧"成为酷MA

△ 在罗森安土町二丁目店内开设试销店
酷MA萌和麦淇淋小姐、蒲岛知事、新浪社长、凯瑟琳小姐

萌宣传中一个很大的转折点。

以此为契机，在九州新干线全线通车前，熊本县政府就因在关西开展了有趣的宣传活动而名声远播。开始有人来采访我们的营销手段了，即通过"酷MA萌'神出鬼没'大作战"和"寻找酷MA萌大作战"等，先让酷MA萌成为话题，然后再让人们了解熊本。

首先是报纸。《每日新闻》2011年1月22日晚报的头版头条以"透视熊本营销"为题，对之前所有的行动做了一个特辑，酷MA萌的脸也作为宣传重点出现了3次。《朝日新闻》在2月5日的早报上，刊登了《你会去九州的哪个地方》《熊本与吉本合作酷MA萌火力全开》两篇报道，将熊本和鹿儿岛进行对比。《日本经济新闻》也在2月20日的早报上登载了《"来九州吧"宣传大战》和《熊本吉祥物出差记》，仍然是和鹿儿岛的对比式报道。

电视方面，1月26日的NHK大阪和NHK综合Biz体育电视台，27日的大阪电视台，31日的读卖电视台，各自对"熊本县政府在关西的宣传活动"进行了报道。短的3分钟，长的10分钟，各电视台也都腾出时间来播放熊本的报道。同时在当天的早间新闻栏里还刊登出了"从大阪过去不到3小时……九州新干线开通前'熊本'

ぐるり熊本PR

新幹線効果先取り 観光客増

九州 あなたはどっち

直通新幹線まで1ヵ月 誘致に勢

熊本　吉本と連携、くまモン全開

鹿児島　黒豚・薩摩焼酎…食の攻勢

沖縄　危機感、飛行機の値下げ要望

「九州に来て」PR合戦

熊本　ゆるキャラ出張　鹿児島「食」前面に

❶《每日新闻》（2011年1月22日
　大阪总部版，晚报头版）

❷《日本经济新闻》
　（2011年2月20日大阪总部版）

❸《朝日新闻》
　（2011年2月5日大阪总部版）

❹《每日新闻》
　（2011年1月31日大阪总部版）

大受欢迎的原因"（读卖电视台），"九州新干线开通熊本做了哪些宣传？吉祥物来到大阪出差"（大阪电视台）。

NHK 将在全国播出熊本的相关报道，这对我们来说实在是太幸运了。因为关西发出熊本的报道是很难传播到全国的。回想起来，我们和 NHK 的交情是从 2010 年 9 月 "平城迁都 1300 周年庆典" 上交换名片开始的。

不光 NHK，在那之后我们还向结识的记者朋友们持续提供有关酷 MA 萌活动和熊本的详细消息，正因为有了这些积累才会有现在的成绩。正如一句格言所说："报道没有捷径。"（对不起，这是我们现编的格言。）

这些报道如果换算成广告费，仅从活动开始的 2010 年 8 月末到 2011 年 3 月为止近 7 个月估算，费用就至少需要 6 亿 4000 万日元。因为预算是 8000 万日元，所以费用所产生的效果是原来的 8 倍。

更让人高兴的是，原来的广告业界的专业杂志《广告会议》（2011 年 2 月号）报道了我们在关西的行动，并用近一页的篇幅为我们做了特辑。

以上这些自不必说，我们还热心地参与了其他领域的宣传活动。借九州新干线全线通车，参加了 JR 轮胎升级活动、距通车 150 天的倒计时板揭幕式、距通车 100

天的四县联合促销等，形成了宣传的几何效应。

听说 JR 西日本准备的倒计时板上原来写的是"新大阪—鹿儿岛中央"。但是实际上新大阪站设置的倒计时板上写着"新大阪—熊本 · 鹿儿岛中央"，熊本虽然只是个途经站点，但也被清楚地标在了倒计时板上。

虽然只是推测，但如果我们没有积极地开展宣传，也许真的只会写终点站"鹿儿岛"，没人会想到"熊本"。JR 西日本的倒计时板上也会变成原来的"新大阪—鹿儿岛中央"。

九州新干线全线通车是百年一遇的大好机会，绝不能让熊本仅仅成为一个普普通通的中间过路站。我们同时怀抱着"期待感"和"危机感"实施了关西战略，而这块倒计时板也是关西战略的重大成果之一。

△ 通车前一天，东日本大地震发生前

第四章

从吉祥物到畅销物

第二年才是成败的关键

2011 年 4 月，新的年度开始了。①

新年刚开始我们便有一件重大工作要完成，那就是之前提到过的"东日本大地震复兴支援慈善义卖"。通过慈善义卖拉近与地震受灾群众之间的心灵距离，并缓和人们的消极情绪。酷 MA 萌团队和许多县民们一起努力

---

① 4 月 1 日是日本财政年度开始的第一天，因此对日本企业来说是新年度的第一天。——译者注

思考不去灾区也能做的支援活动有哪些，并精心组织开展，在这个过程中我们也渐渐恢复了精神。

6月中旬"东日本大地震复兴支援慈善义卖"活动告一段落，九州新干线全线通车后第一个年度的关西宣传就要开始了。

比起依靠本土宣传，更应该自己主动宣传。虽说要"先提高酷MA萌的知名度，等酷MA萌走红了，再靠他来宣传熊本"，但事实上，我们对这之后的发展还没有进行具体规划，再不行动起来，这种说法很可能会被当作我们逃避现实的一个借口。这事关酷MA萌团队的存亡，因此我们必须做出实实在在的成绩。对酷MA萌来说，同样的第二年才是成败的关键。虽然这么说，但是该从哪里着手呢？

正值梅雨时节，屋外的天空阴云密布，县厅的一间屋内闷热难当，连一丝风也没有。酷MA萌团扇随意地摆在桌子的一个角落（酷MA萌团扇出现在第一章。2010年9月在阪神甲子园球场分发，现在已经成为酷MA萌粉丝垂涎的稀有品……），有人拿起团扇一边急躁地扇着，一边说赶紧来瓶啤酒……不对，赶紧开会。

因为前一年度"酷MA萌名片"大获成功，所以当决定重新推出这项活动时几乎全员通过。

虽然也有人担心"会不会有人批判这是熊本县政府的撒钱政策（虽然只是名片）"，但这个意见马上被驳回了。

酷MA萌团队里任谁都会想到慈善义卖中的拍卖环节，并且大家都在秘密计划着"要最先在网络上拍卖新的酷MA萌名片套装争取一攫千金，立下头功"。因此大家都对名片活动赞不绝口。

看着成员们意味深长的笑容，领导仿佛看穿了他们的心思，大声呵斥道："你们不会在打什么歪主意吧？不许抢功劳！"

……呜呜，不是吧领导……

从吉祥物到畅销物

广告文案员头疼的日子开始了。

因为我们接受了策划公司顺势提出的方案，"要超过去年度的32种名片，今年就制作36种名片吧"。

2010年度的32种，准确来说是由印刷的版面分割情况所决定的，2011 年度版面要怎么分割才能变成 36 种呢……这件事至今仍是个谜。

博客上有关于酷 MA 萌宣传过程中优秀作品的所有介绍，酷 MA 萌最先注意到的一句广告词是"从吉祥物到畅销物"。

不知道谁脱口而出道："真是个好想法！"

领导马上提醒道："现在不到佩服的时候，这可是最高命令。"

会议继续进行。

＊酷 MA 萌名片收集者们可能已经注意到了，这一章的小标题使用了一些 2011 年度正在宣传的新名片上的广告词。但是笔者能力有限，无法将 36 种广告词全部用上。请谅解……

"首先……"

"啤酒可不行！"

"还在上班时间呢！当然不行了！……言归正传，我们先让酷 MA 萌当上营业部长怎么样？"

"营业部长？！营业部长的话，不是职务比我还高了？！"

"哎呀，该吐槽的地方不是这里吧。'搞推销的吉祥物'不就是营业部长嘛？这不是理所当然的嘛。山本纱衣是宣传部长，这样还能保持平衡。让他们俩成为熊本县政府的两块招牌，大张旗鼓地进行宣传吧。"

"但是，从兼职人员一下子成为营业部长的话……"这样的声音完全被淹没了。

"虽说想靠这两块招牌大张旗鼓地开展宣传，但要'先成为营业部长'吧?"

"在县厅里,部长是仅次于副知事的重要职位哦。"

"那更好了。总之,今年一定要让酷MA萌当上营业部长。"

"这么说,你已经有对策了吗?是什么呢?"

"就是太平燕哦,太平燕。除了这一招也没别的了吧。"

"太平燕?"

熊本县政府特产酷MA萌太平燕

"粉丝汤太平燕"是酷MA萌与Acecook公司合作生产的食品,但因为东日本大地震这个计划很快便夭折了。

Acecook公司的本部在大阪府吹田市。他们的主打产品"粉丝汤"是速冲杯汤中的销量冠军。Acecook公司提出的策划方案是推出"粉丝汤太平燕"作为"粉丝汤"系列的新产品。

2010年11月,我们商定了合作事宜,并打算将其作为九州新干线全线通车的纪念商品,于下一年的3月在全国发售。虽然很感谢太平燕,但当时酷MA萌还只是个初出茅庐的吉祥物，把他用作商品包装并销往全国，这家公司也太乱来了……不对，这家公司也太有先见之明了（汗）。酷MA萌团队都不敢相信竟有这样的好事。

12月22日，Acecook公司的负责人特意从大阪来到熊本，请酷MA萌团队试吃了样品。

酷MA萌团队的领导特别喜欢太平燕并对味道非常挑剔，他尝过"粉丝汤太平燕"后也连声称赞："好极了！"

受到酷MA萌团队领导的肯定后，Acecook公司新年过后在2011年2月17日发出新闻稿。包装上除"熊本特产""九州新干线全线通车纪念"的标志外，还加上了"熊本商标"，酷MA萌上半部分的正脸也印在了包装上，显得特别可爱。

随后，3月7日"粉丝汤太平燕"终于开始向全国发售了。但是……刚发售不久，11日就发生了东日本大地震，受此影响，"粉丝汤太平燕"中的调味料无法供应，所以非常遗憾，只能销售完当时已出货的产品，这个计划只好终止了。

"粉丝汤太平燕……"

会议陷入了沉默。

地震之前的事仿佛已经变成了非常遥远的记忆。我们望着远方，突然思绪万千，那个时候还没有人意识到平凡的日常有时也是一种奢侈的美好。

顺带说一下，经过大约两年时间，2013 年 1 月 7 日"粉丝汤太平燕"重新包装作为"熊本县政府特产酷 MA 萌太平燕"再次发售。这次包装是全黑的，印有酷 MA 萌的整张脸，极具视觉冲击力。这回一定要让它成为经久不衰的商品。

△ 传说中的"粉丝汤太平燕"　△ 重新包装的"粉丝汤太平燕"

比起案头工作更适合跑业务

"Acecook 公司推出'粉丝汤太平燕',这是熊本特产太平燕闻名全国的绝佳机会。如果没有地震,那么借助酷 MA 萌的人气,熊本特产太平燕的名声一定会传遍全国。从我们的角度来说,这是个天上掉馅饼的好事,因为归根结底这个策划是由对方先提出来的。"

酷 MA 萌团队再次组织召开会议。

"这次,让我们主动出击吧。为了生产并销售以本县产品为原料的商品,营业部长酷 MA 萌来到关西的公司跑业务。"

酷 MA 萌也跃跃欲试,说自己"比起案头工作更适合跑业务"。

"那你说,到底会有哪家脑洞大开的企业会接受一个吉祥物的推销呢?"

如果在大阪,对方一定会大发雷霆,简直就要说:"你脑子有毛病吧!"

连酷 MA 萌都变得消沉了,"熊就不行吗?"

"哎呀，是我没表达清楚。我的设想是请现实中的知名食品公司协助我们，让酷MA萌向商品开发的负责人推销本县产品并提出商品化的方案，再把这些情景都收录在影像里，上传到网络上。"

"不是让酷MA萌直接面向观众宣传本县产品，而是让观众站在第三者的立场观察酷MA萌向食品公司推销本县产品的情景。"

"手机公司和小型汽车厂商在商业广告中也会使用这种手段。"

"虽说还只是一个设想，但如果吉祥物向现实中的企业推销，一定会成为新闻媒体的热门话题，对于企业来说，熊本县政府免费来为他们做宣传，不是很划算吗？而且，万一本县的产品真的可以商品化的话……"

"就算有万一，也不会有这种好事！不要小看民间企业……不过想法很有意思。好极了！……只是，再怎么划算，真的会有企业愿意听我们讲这些胡话吗……"

……确实如此。不管网络还是新闻报纸都有代理店愿意帮我们宣传这个方案，但关键是要凑齐愿意接受酷MA萌销售拜访的食品公司，这一点难度颇大。而且我们趁势提出的目标是凑齐10家公司，完成不了也是理所当然的……

日子一天天过去，很快就要从夏天转入秋天了。代理店的人也露出了焦虑的神色，我们也同样心急如焚。不能为凑齐 10 家公司而束手束脚，必须果断采取行动。感到迷茫的话就行动起来吧!

我们重新考虑了一下这个方案，用行政经费来为民间企业做宣传（简单来说，可以这么理解。但其实绝不只是这么简单……），这对企业来说也是前所未闻的。而且，对方如果碰巧知道我们是为了实现商品化，就更不会稀里糊涂地答应了。我们原本还以为大阪的企业应该会很乐意配合的……

但是我们只能继续前进。我们决定暂且先拜访已经同意的企业，做出实绩后再寻找下一个合作企业。

▶ ＊在本章中，"暂且"这个词的使用率很高。酷 MA 萌团队似乎可以随机应变地想出最好的策划案，但其实这只是权宜之计。（苦笑）

既然你们不过来，那我就过去推销了

UHA 味觉糖是我们拜访的第一家企业，很有纪念意义。

UHA味觉糖位于大阪市中心区，是一家以"普超软糖""劲爆跳跳糖"等商品而闻名的糖果制造商。酷MA萌团队平均年龄比较大，所以对我们而言，还是"味觉润喉糖"更有亲切感……

在我们刚提出这个策划案的时候，UHA味觉糖就欣然答应了我们的要求。

2011年10月5日，无视团队领导一脸的羡慕忌妒，酷MA萌被破例火速提拔为营业部长，还配备了秘书，"毛毛雨落御堂筋"（好老的歌！），淅淅沥沥的雨中，酷MA萌走在松屋街上朝着UHA味觉糖本部前进。

酷MA萌脚步轻快，简直就像在说"既然你们不过来，那我就过去推销了"。

因为这次活动还要上传网络，所以摄像采访组正在前方等候着酷MA萌。

加上之前新闻稿的宣传效应，为了采访"酷MA萌营业部长"的首次工作，各家媒体都在UHA味觉糖本部严阵以待。

酷MA萌营业部长和秘书神色紧张地入座了。因为公司内的气氛和平常不一样，UHA味觉糖的负责人也紧张了起来。紧张是在所难免的，因为吉祥物酷MA萌坐

△ 酷MA萌在媒体包围中的推销场景

在眼前已经很不可思议了，何况四周还被各家媒体的摄像头包围着……

酷MA萌一边和对方交换名片，一边若无其事地宣传自己是熊本的活招牌。

虽然被对方负责人轻易地无视掉了，但酷MA萌毫不气馁，他开始用阅读器介绍广告策划方案。

对方负责人对"芥末莲藕味的劲爆跳跳糖""冷不丁团子味普超软糖"等露出了微妙的表情，但当听到"晚白柚普超软糖"时他们终于露出了笑脸，酷MA萌总算拿到了及格分……在网络上搜索"酷MA萌去UHA味觉糖"就可以愉快地观赏这个故事了。

熊本县政府八代市产"晚白柚普超软糖"

酷 MA 萌营业部长的企业拜访活动总算拉开了序幕，几天后一个巨大惊喜正在等着我们。

2011 年 10 月 17 日，UHA 味觉糖向我们发出邀约，表示希望和我们合作推出一款"普超软糖"。

"这个提案很有趣，赶紧开发吧！"山田泰正社长一声令下，他们就开始行动了。

"这些蠢话……""哪家脑洞大开的企业……""就算有万一，也不会有这种好事……"……之前开会的时候我们说了很多冒犯的话，UHA 味觉糖大人，实在对不起……（汗）

后来，熊本县政府举行了记者见面会，决定推进酷 MA 萌商品化，UHA 味觉糖的领导们也出席了见面会，酷 MA 萌团队从他们那里得知，酷 MA 萌去他们公司拜访的那天下午，山田社长碰巧遇到了小山薰堂。

我们还了解到山田社长和小山薰堂交情很好，几乎每个月都要碰一次面。对了，以前小山薰堂曾以"特恋奶糖 8.2"为例，说明要"以现有的商品为基础，依靠创意改善销量"。小山先生还在我们面前拿出了实物，并介绍说："在我任教的大学（东北工科艺术大学设计工学院企划构想系），学生们都很有创意。这种'特恋奶糖 8.2'就是他们的创意作品。广告词是'为你的青涩恋情发声'。你们看每颗糖的糖纸上都印有一句话，比如'请和我做朋友''请和我交往'等，这些话又是不太容易直接说出口的。我们试着请大学附近的超市帮忙销售这些糖果，结果广受好评……"而"特恋奶糖 8.2"的前身"特浓奶糖 8.2"就是 UHA 味觉糖生产的。

"这也太巧了吧！"虽然没有当场说出来，但我们已经在脑子里擅自开始想象山田社长和小山薰堂的对话了……

山田社长："今天，熊本县政府有个吉祥物来我们公司推销了。我打听了一下居然还是个营业部长。这个县真有想法，我们决定和他合作了。"

小山："啊，他叫酷 MA 萌哦。去年春天，我向熊本县政府提议可以推出一个'熊本惊喜'吉祥物，于是便有了酷MA萌。欸，都当上营业部长了，真是出人头地了呢。"

山田社长："欸，原来你们还有这样的渊源啊。真是无巧不成书，那我必须为你们做些什么。"

▶ *这些完全是我们的假想，他们并没有真的进行过这样的对话。拜访UHA味觉糖后不久，10月14日的《侦探！Knight Scoop》中有酷MA萌的出场画面，难道山田社长是看了这个，才决定重用他的？……应该也不是。真相至今还是个谜。

在真正进行商品化的时候，我们选择了"八代产晚白柚"作为"普超软糖"的原材料。

晚白柚是柚子的一种，是柑橘类中气味清香的品种，就是酷MA萌在吉本新喜剧剧场送给"马上就来"（里谷正子）小姐作土特产的那个超大的东西。有的晚白柚约有成人头部那么大。1998年晚白柚被吉尼斯世界纪录登记为世界最重的柚子类水果。

这个时候，有一件事情再次体现了"偶然力"的巨大作用。

既然已经决定要生产"晚白柚普超软糖"了，那么优质的晚白柚果汁是必不可少的，但我们还没找到能够稳定供应果汁的有效途径。在 6 月举办的"东日本大地震复兴支援慈善义卖"上，我们和冰川町"道之驿龙北"的鲇川经理（当时）有过合作。这时多亏他帮了我们这个大忙。

道之驿龙北正在出售 100% 的晚白柚果汁。生产晚白柚果汁时，榨得太过或力度不够都会很影响口感，所以难度很高。而道之驿龙北所卖的这款果汁，是经过水俣市福田农场反复试验后才生产的，保持了晚白柚的绝妙口感和原始风味。

那时如果没有之前举办的慈善义卖活动，我们就不会认识鲇川经理，也就不可能这么快就采购到地道的晚白柚果汁……世间的缘分真是妙不可言，没人知道会在何处以何种方式再次相遇……不过真是太庆幸了。

已经采购到晚白柚了，本来要经过 6 个多月的开发再举行看样订货会才能出售，但"酷 MA 萌八代产晚白柚普超软糖"很快就进入了发售环节，2012 年 3 月 27 日在九州地区的便利店先行发售，4 月 2 日便销往全国了。

试想一下，这相当于在全国的便利店里宣传了熊本八代晚白柚，真是一大壮举。

在 UHA 味觉糖的大力支持下，10 月还发售了酷 MA 萌和小普超君的联合手机挂件"附送赠品小普超"。

酷 MA 萌营业部长还取得了更大的营销业绩，2013 年 5 月 3 日"酷 MA 萌玉东产甜玫瑰李普超软糖"作为"酷 MA 萌普超软糖"的第二期产品开始发售。

甜玫瑰李是李子的一种，体形较小，但口感极佳，糖度在 17 度左右，明显高于其他李子并且酸味较少。熊本县政府玉东町以拥有日本栽培面积最大及产量最高的甜玫瑰李为荣……别看我们介绍得煞有介事的，其实酷 MA 萌团队也是通过这次的产品才第一次知道甜玫瑰李（汗）。我们要学习的还有很多。

△ 晚白柚和甜玫瑰李普超软糖

推销"野菜生活100丑柑混合果汁"

酷MA萌营业部长的业务还拓展到了东京。

酷MA萌本人坚信这不是出没，而是出差。

这是酷MA萌在推销"丑柑普超软糖"时想出来的。说起丑柑，大约前一年，也就是2010年的冬天，佳果美推出"野菜生活100丑柑混合果汁"并作为当季限量商品出售。

丑柑是JA熊本水果协会的注册商标，品种名为不知火柑，是清见柑橘和甜橘的杂交品种，特征是果皮稍带突起短颈，是熊本县政府的冬季特产。熊本县政府的丑柑产量荣居日本第一。

我们觉得既然推出了"野菜生活100丑柑混合果汁"并作为季节限定商品出售，只在一个冬天内限定销售，实在太可惜了。

当时已经是早秋了，到冬季丑柑进入旺季之前的这段时间是成败的关键。我们立即和佳果美预约了会面时间。

佳果美是一家生产和销售"番茄酱汁""野菜生活

100"等商品的食品企业。顺便提一句，熊本县政府的番茄产量也位居日本第一，但这次我们要用丑柑来一决胜负。

佳果美2010年冬天销售的"野菜生活100丑柑混合果汁"似乎获得了好评，我们商讨再次把它作为2011年的季节限定商品。

这对熊本县政府来说是一个好消息，但如果丑柑混合果汁还是按原来的方式进行出售，那就不算是营业部长的功劳了。面对这种情形，酷MA萌团队必须想出一条妙计才行。

可以让我出演贵公司的广告吗

2011年11月21日，酷MA萌营业部长前往东京都中央区日本桥浜町的佳果美东京本部。

西秀训社长率商品策划部长亲自出门迎接。

这场全国知名食品企业的社长和吉祥物之间别开生面的对话，引起了媒体善意的强势围观，报道阵容异常强大。

要知道对方可是大企业的社长，酷MA萌团队准备的方案能管用吗？而且也不知道在此之前是否有机会就方案进行商谈……

我们先是轻描淡写地提出今年也想在全国销售"野菜生活100丑柑混合果汁"。

对此，西秀训社长微笑着当场答应了。

他还为我们准备了试喝的产品。酷MA萌营业部长先用果汁润了润嗓了，然后慢悠悠地用阅读器询问道："可以让我出演贵公司的广告吗？"

看到这句话，西秀训社长不禁露出了苦笑，周围的人也忍不住笑出声来。

已经确定半个月后就开始销售了，这时才提出要参演广告已经不可能了，虽然心里明白，但作为营业部长，酷MA萌不能就这样空手而归。

这时，西秀训社长伸出了援助之手。在他的催促下，酷MA萌重新观察了一下刚刚试喝的果汁，包装的侧面不正印着酷MA萌插画嘛！而且还附有一段说明，强调了该果汁使用了熊本产的丑柑。

为了迎接酷MA萌的到来，西秀训社长非常暖心地考虑到了这一点。

对此，连酷MA萌营业部长也一再低头鞠躬以表达

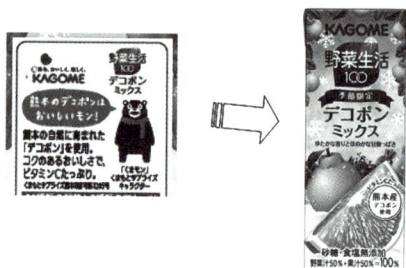

△"野菜生活100丑柑混合果汁"的侧面设计有酷MA萌图案

深深的谢意，并说："我今天低下了头，却提高了男子汉的声誉。"

有没有提高男子汉的声誉暂且不论，2011年12月6日，"野菜生活100丑柑混合果汁"作为季节限定商品在全国发售。

"这些蠢话……""哪家脑洞大开的企业……""就算有万一，也不会有这种好事……"……佳果美大人，实在对不起……（汗）

每周五，《日经MJ》会刊登"新产品一周排名"，"野菜生活100丑柑混合果汁"每次都在饮料类销售排行榜榜单的前几位。酷MA萌团队当然也在兴奋地关注着这个排行榜。

酷 MA 萌真的能刺激销量吗？效果应该是显而易见的。销售时间截止后，我们收到了佳果美提交的报告，结果显示销售额比前一年增长了 3 成，酷 MA 萌营业部长总算取得了一点儿业绩，酷 MA 萌团队也总算松了一口气。

在忙碌中度过了 2 年的演员生涯

酷 MA 萌的佳果美营销活动并没有就此打住。

我们想让酷 MA 萌营业部长参演他们的广告，虽然在当时遭到了拒绝，但后来我们居然意外地实现了这个愿望。

一年后的 2012 年 5 月，小山薰堂担任代表的"Orange And Partners"提议为迎接"野菜生活 100 丑柑混合果汁"进入销售的第三个年头，希望在广告中起用"酷 MA 萌营业部长"，并让他作为佳果美营业部长出场。

Orange And Partners 是一家致力开展企业咨询、品牌推广及营销等活动的公司。这回佳果美委托了他们策划此次活动。

　　这的确很让我们为难，提出想参演广告的是我们没错，可酷MA萌营业部长虽然长得不像，但他确实是个公务员。地方公务员法也不允许他兼职做民间企业的营业部长。为了立功而想出的奇招却引起了意想不到的风波。

　　*本书读到现在，对聪明睿智的读者们来说，相信没必要再进行特别说明了，酷MA萌"虽然长得不像，但他确实是个公务员"说的是……啊，果然没必要解释了吧。

　　经过反复磋商，我们谨慎地婉拒了担任佳果美营业部长的邀请。尽管如此，让我们欣喜的是佳果美仍然表示想在广告中起用酷MA萌。最终我们制作了一则广告，通过酷MA萌来表现熊本县政府特产丑柑的美味和培育

△ 广告拍摄中的一个场景

丑柑的自然环境，并向全国观众传达农户们精心栽培丑柑的质朴心意。

负责修编和旁白的竟然是小山薰堂，这算是父子联袂出演吗？这个暂且不论，广告在熊本和大阪两地取景拍摄。在熊本尽管是工作日，但还是召集到了400多名"酷MA萌粉丝"到现场充当临时演员。酷MA萌还在九州新干线的车内进行了拍摄。

佳果美的宣传负责人说了一句非常暖心的话，"从酷MA萌直接来找我们协商参演丑柑混合果汁广告到现在，已经过去一年了。我们共同的强烈意愿促成了这则广告。"

酷MA萌的心意终于成功传达给他们了。

2012年11月27日，"野菜生活100丑柑混合果汁"

△ 聚集在熊本城的群众演员们

开始出售，为了配合销售活动，佳果美投放了酷MA萌参演的电视广告。当然这也是酷MA萌第一次出现在面向全国播出的广告中。

同时佳果美官方网站还公布了电视广告的概要和佳果美制作负责人的解说，详细介绍了广告的精彩之处，还有演员的人物简介、背景音乐、旁白等等。（只有在该网站才能看到180秒的特别版广告。敬请欣赏酷MA萌的名演员风采。）

这样看来酷MA萌也被当作一流的演员来对待了呢。

欸?

"在忙碌中度过了2年的演员生涯"?

又胡说了!

虽说是一个县的吉祥物，但不能只在县内活动

话说回来，2011年，酷MA萌营业部长的首次营业活动是向UHA味觉糖推销县内产品，之后还向远在东京的佳果美进行推销，这些活动结束后，关西地区的媒

△ 酷MA萌营业部长的广告（《读卖新闻·关西版》）

体从 10 月 21 日开始以报纸广告的形式刊登了活动经过。此后，酷 MA 萌团队和其他公司的交往也变得相对顺利起来了，越来越多的企业开始理解我们的意图了。

虽然是由"暂且"（苦笑）开始的策划，但酷 MA 萌营业部长的食品企业拜访活动最终超出了关西业务，成功拓展到了关东，最后总算达成了当初设定的拜访 10 家公司的目标。

关于"酷 MA 萌营业部长"其他企业拜访活动的经过可以登录网站查看，这里只简单介绍活动标题。

第一集 "酷 MA 萌就任营业部长？！"篇

第二集 "酷 MA 萌去 UHA 味觉糖"篇

第三集 "酷 MA 萌去新世界"篇（新世界串炸振兴会）

第四集 "酷MA萌去佳果美"篇

第五集 "酷MA萌突然造访古力克"篇

第六集 "酷MA萌在神户推销"篇（UCC上岛咖啡）

第七集 "酷MA萌在兵户县推销"篇（东丸酱油）

第八集 "酷MA萌推销得很辛苦"篇

第九集 "酷MA萌在横滨推销"篇（日清食品控股）

第十集 "酷MA萌去三得利"篇

正好这个时候，全国各地的吉祥物们都朝着"2011年吉祥物大赛"的目标在积极地开展选举活动。吉祥物正逐渐获得市民权，这对同一时期开展的酷MA萌营销活动也带来了一些积极影响。

后来酷MA萌还在"2011年吉祥物大赛"上夺得了冠军。之后，酷MA萌的境遇发生了巨大变化，东京中央台还向酷MA萌发出了电视演出的邀请。各式各样的食品企业也开始找酷MA萌商讨商品化的合作事宜，在此介绍几项营业部长的突出业绩。

2012年2月，神户屋股份公司生产的"熊本阿苏泽西牛奶蒸面包"和"熊本哈密瓜面包"开始发售，3月，JR东日本股份公司零售网限时出售的龙胆猪肉面包、万次郎南瓜奶油面包等也开始销售了。

△ 蒂罗尔巧克力"冷不丁团子"

9月，蒂罗尔巧克力股份公司生产的蒂罗尔巧克力"冷不丁团子"开始销往全国。

接下来就和食品无关了，从在甲子园展出酷MA萌的广告牌以来，我们和阪神老虎队一直保持来往。3月，酷MA萌洗脸毛巾开始在甲子园球场等地出售，毛巾上的酷MA萌穿着老虎队的制服，后背号码是096（这是熊本市的固定电话区号！）

而且，目前为止从未合作过的县外超市也开始提出申请，表示想要举办熊本县政府的物产展。当然，他们都是冲着酷MA萌来的。酷MA萌也觉得自己虽说是一个县的吉祥物，但不能只在县内活动，所以非常积极并在活动中大显身手。

酷MA萌总算从"临时营业部长"变成了名副其实的营业部长，还确立了自己"畅销物"的地位。

欸？不是"畅销物"，是"超级明星"好吧。

名片上可没这么写呀……

工作狂熊

除了营业部长的工作，酷MA萌还出现在我们身边各式各样的商品上，这点已经无须赘述。从2010年12月24日允许企业使用酷MA萌的形象开始到今天为止，

△ 熊本县政府民百货店1楼的酷MA萌商品中心

酷 MA 萌没有收取任何授权费，也就是吉祥物的使用费。

这也是原因之一，但出现众多酷 MA 萌周边产品的最大原因是他在全国范围内的超高人气。随着知名度的提升，关于酷 MA 萌的吉祥物利用申请也越来越多了，每天还有来自全国各地的有关商品化的咨询。当然酷 MA 萌周边产品的销售额也在不断增加。

截至 2012 年 12 月末，我们已经授权 785 件商品使用酷 MA 萌。

根据 2011 年 9 月末首次统计的数据，当年的销售额仅报告显示就超过了 10 亿日元（以发货为准）。2011 年的全年销售额最终达到了 25 亿日元。

而 2013 年 2 月 20 日公布的 2012 年全年销售额显示，

△ 熊本县政府发行的酷MA萌周边手册

仅仅是有反馈的数据就突破了 293 亿 6000 万日元（问卷调查的结果只回收了 5 成多）。和前一年相比增势强劲，增加了 10 倍多。

2012 年下半年，还接连不断地发售了写真集、期刊等 7 本酷 MA 萌周边书。

当然这些书全都或多或少地宣传了熊本县政府。

酷 MA 萌说自己是工作狂熊。

他本人工作的时候自不必说，在他休息的时候这些商品还在继续宣传熊本县政府。

我的愿望是让熊本成为一个受欢迎的县

酷 MA 萌在"2011 年吉祥物大赛"上夺冠，成为名副其实的全国知名吉祥物，他的下一个使命就是让"熊本县政府"夺得第一。

"关西战略"中明确表示"我们想让熊本县政府成为 47 个都道府县中最好的一个县，让大家都愿意来熊本观光，体验熊本的乐趣，享用熊本的美食，使用熊本的产品，并来熊本发展事业"。

酷MA萌不仅要作为营业部长在县外活动，还要作为县内的"熊本惊喜吉祥物"，播撒惊喜和幸福的种子，努力让更多熊本县政府民们意识到在这片土地上出生、成长、学习、工作、育儿、生活是件多么幸福的事。

酷MA萌说："我的愿望是让熊本成为一个受欢迎的县。"

回顾到目前为止的所有奇迹和经历，我们深深地明白这一切不是靠酷MA萌得来的，而是酷MA萌团队和酷MA萌粉丝共同努力的结果。

我们已经和酷MA萌一起播撒下了惊喜和幸福的种子。

第五章

面对批评毫不气馁，
优秀创意层出不穷

酷 MA 萌团队的创意形成法

　　酷 MA 萌团队经常开会，而且不一定都是"某某会议"这样的正式会议，有的会议是从办公室里的闲谈开始的。主题都是围绕如何巧妙运用酷 MA 萌提出"惊喜"创意，但经常也会不小心离题。有时正因为离题了反而会产生一些特别的创意。当然，挨批的可能性是产生创意的几倍甚至几十倍，但如果这样就气馁的话，是无法胜任酷 MA 萌团队的工作的。

　　产生的创意中有单纯依靠行政手段无法实现的，或必须依靠民间力量的，当中也有一些荒唐无稽的创意，之前也介绍过了，小山薰堂认为："最为重要的是，在决定一起制造惊喜的瞬间，大家成了一个整体。因为这时的我们有非常明确的目标和强大的凝聚力。我一直觉得这是件特别了不起的事。"

在熊本县政府生活的人们如果能超越官民的界限，和酷MA萌一起制造惊喜并融为一体那就太好了。

但是，为什么要制造"惊喜"呢？按小山薰堂的说法，因为这和"'自身的幸福'有关"，按知事浦岛郁夫的说法就是"县民总幸福指数最大化"。虽然有点儿像优等生的标准回答，但酷MA萌团队是真心这么想的。而酷MA萌的愿望则是让熊本成为一个受欢迎的县。

模仿"小山薰堂的创意形成法"，我们想出了不少"惊喜"创意，那么就在此介绍其中的几项（包括已经实现的创意）。

在卡拉OK房里跳酷MA萌体操

酷MA萌体操的歌曲《熊本惊喜！》原本是"熊本

惊喜"的活动主题曲，是由音乐人 Bombo 藤井作词作曲，为九州新干线全线通车纪念活动特别创作的。

现在这首歌已经被确定为酷 MA 萌主题曲，歌曲有很强的节奏感，就算不会跳酷 MA 萌体操，只要听到旋律，身体就会不由自主地随着歌曲动起来，精气神瞬间变好。

Bombo 藤井希望能让更多的人听到这首歌，所以现在可以在酷 MA 萌官方网站上免费下载这首歌，但还有些客人表示想在唱卡拉 OK 时点这首歌，想和大家一起边唱边跳，我们正在研究如何实现他们的愿望。相信本书出版的时候，应该可以听到全国的卡拉 OK 房里《熊本惊喜！》的歌声四起，还能看到人们一起跳着酷 MA 萌体操的场景。

如果可以实现的话，我们希望到时可以把县内各地的名胜和观光地编进歌词里，创作出第二、第三甚至更多版本的歌词。配合歌词还可以试着改编舞蹈，也可以号召保育园和幼儿园等各种团体创作歌词和编排舞蹈。

当然，酷 MA 萌的卡拉 OK 影像是必不可少的，可以让酷 MA 萌以全国各地的观光地为背景活力四射地大跳酷 MA 萌体操。

在不远的将来，大家去卡拉 OK 的时候就可以和朋

△ 卡拉OK的影像（第一兴商股份公司，对应几种LIVE DAM）

友或家人一起边唱《熊本惊喜！》边跳操了……要是到处都是这样欢乐的场景就好了。

如果发展到这一步，我们还要继续举办"酷MA萌体操冠军赛"。比赛每年一次，邀请Bombo藤井和熊本的人气演员及舞蹈家藤本一精担任审查员，在各都道府县的预赛中胜出的队伍最后在熊本争夺冠军……那一定是个充满欢乐的日子。

去百老汇演出不再是梦

相信粉丝们都知道酷MA萌不仅会跳酷MA萌体操，

其实还会跳各种各样的舞蹈。

2011 年 6 月 25 日，熊本市上通举办追悼迈克尔·杰克逊的舞蹈模仿秀活动，酷 MA 萌戴着帽子和白手套意外登场，向观众们展示了他精湛的舞艺。酷 MA 萌还熟练掌握了 AKB48 的"每日发箍"、"无限重播"和"完整大口吃掉"的舞蹈。在 2012 年年末举行的"当地人 × 'call me maybe'"视频模仿大赛上，酷 MA 萌以熊本城为背景完整地跳了一段轻快的舞蹈。很遗憾没有入选，但是看过视频的许多观众都给出了很好的评价。

其实，为了让大家看到精彩的舞蹈表演，酷 MA 萌认真跟随专业老师苦练舞蹈课程。虽然在这里不能透露老师的名字……酷 MA 萌争分夺秒地埋头训练，不仅把成果运用到了舞蹈中，还运用到了他平常的动作中。对"舞者酷 MA 萌"来说，更高的舞台应该就是纽约的百老汇了吧。百老汇汇集了全世界的文艺演出，在那里可以看到最好的表演，那里发生的故事可以瞬间传遍世界的各个角落。

纽约时代广场有"世界十字路口"的美称，那么就先试着在那里进行公开的街头表演吧。冬天还可以在洛克菲勒中心的溜冰场上，以普罗米修斯的黄金雕像为背景表演华丽的溜冰秀。洛克菲勒中心好像还有美国四大电视网之一的NBC演播室，运气好的话……

我们的目标是成为"世界级艺人酷MA萌"。

说先下手为强好像有点儿夸张了，但2012年12月26日美国报纸《华尔街日报》其中的一版以"日本吉祥物的'长相'"为题介绍了酷MA萌。按照这个势头，说不定酷MA萌很快就可以在美国出道了……

将熊本县政府打造成酷MA萌乐园的构想

将熊本县政府打造成酷MA萌乐园的构想就是把整个熊本县政府当作"酷MA萌乐园"，政府与民众齐心协力在各处实施"酷MA萌计划"，为游客们制造惊喜。

总体感觉类似位于浦安市的国内最大的那个主题公园——东京迪斯尼乐园。在那里以米老鼠吉祥物为代表的各种吉祥物用活灵活现的表演招待着客人。

"酷MA萌乐园"以酷MA萌为代表，肥后丸君、小笼君、五木酱等吉祥物活跃在各自的区域内。

我们打算建一个"酷 MA 萌之家"来作为粉丝们的朝圣之地，如果建在阿苏山的山脚下应该会很合适。如果在县内各地设立多个酷 MA 萌住处供粉丝们到处奔走巡礼，一定也会很好玩。或者干脆把"酷 MA 萌之家"变成乡村体验交流设施，以城市里的孩子为对象发展民宿事业，相信也能带来很多欢乐。

而且，差不多也该给营业部长安排一个办公室了，房间里一定要展出在吉本新喜剧演出时的剧本以及记录了过去所有活动的各种物品。

或者干脆建一个"酷 MA 萌博物馆"，摆放上迄今为止制作的酷 MA 萌海报等为数众多的各种作品，这也不失为一个好想法。

吉祥物商品也是必不可少的。县内外已经有很多"酷 MA 萌商品"正在销售，或许可以在县内各地开设并运营官方的"酷 MA 萌商店"。除了贩卖特产外，还要有一流的咖啡师，如果能够喝到画有酷 MA 萌头像的拉花咖啡就再好不过了。

要是还有独创食品的话，就更让人期待了。

山本纱衣的妈妈在熊本县政府内经营了一家凯瑟琳酒吧，在那里已经可以品尝到"鸡尾酒酷 MA 萌"了。

还有很多有趣的食品，比如"冰品白酷MA萌"（难道是鹿儿岛白熊的衍生产品？）、"酷MA萌文字烧"（熊本的B级美食家）、并非白色恋人的"黑色恋人"（黑芝麻煎饼吗？）、不是马卡龙的"马卡萌"等等。

在观光地寻找一个景致优美的地方，摆放一个由FRP（纤维增强复合材料）制成的"酷MA萌玩偶"，玩偶所指的位置就是"酷MA萌观景点"，游客还可以和玩偶一起拍纪念照。

拜托市町村帮忙，在下水道井盖的位置设计酷MA萌或当地吉祥物的形象，游客们一边单手拿着地图，一边到处寻找"酷MA萌井盖（熊洞？）"的场景应该会非常有趣。施工用的传力杆好像也可以为酷MA萌宣传所用。

△ 酷MA萌机场班车

△ 酷MA萌邮票和邮戳

旅馆客房或咖啡馆卫生间内的镜子上如果带有"酷MA萌剪影"，那就更好了。

旅馆里，满眼酷MA萌的"酷MA萌主题房"等待游客的入住。早餐是酷MA萌形状的薄饼，洒上了酷MA萌最喜欢的蜂蜜，可以搭配着阿苏泽西牛奶一起食用……

熊本全日空新天空酒店已经把"酷MA萌巴士"当作"酷MA萌机场班车"用于往返熊本站接送游客。"酷MA萌出租车"作为放心出租车开始上路运营。肥后银行还发行了"酷MA萌存折"。熊本家庭银行和熊本第一信用金库的存折收纳盒也使用了酷MA萌。金龙堂书店把酷MA萌用在了书的封面上。县厅邮局等县内的几家邮局还发售了酷MA萌邮票，寄信时只要你提出要求他们就会为你盖上酷MA萌邮戳……

熊本县政府已经逐渐开始实施"酷MA萌乐园化"的构想了。

要是县内的民间和政府机构都从力所能及的事情做起，相信用不了多久就可以建成"酷MA萌乐园"。

如果游客们需要正式旅游指南来汇总这类信息，我们马上就可以发行城市情报杂志《熊本志》。

县外也有很多游客想来见酷MA萌，还有学校想组织师生来熊本毕业旅行，如果能让他们玩得更加尽兴，我们也会觉得很幸福。

🐻 住宿可以选择酒店的酷MA萌主题房

酒店的酷MA萌房从壁纸、床、镜子到入口全都用了酷MA萌的设计元素，正静候游客们入住。

每间"酷MA萌主题房"的墙壁上都张贴了酷MA萌大阪宣传时期的趣味海报，这样的海报共50种，因此

△ 熊本三井花园酒店

△ 熊本新大谷酒店

△ 熊本全日空新天空酒店

△ 绿茵酒店

主题房也有 50 间，找 50 家酒店，每家酒店设一间，县内共有 50 间这样的主题房。当然海报上还有酷 MA 萌的签名。海报上些微的破损和沾染的污渍正是它们经历过风雪的最好证明……房间里摆放的酷 MA 萌玩偶可以让客人们带回家。从床罩、坐垫、茶杯、茶碟、勺子到牙刷全都是酷 MA 萌。等"酷 MA 萌主题房"布置好了，希望每个房间都有粉丝入住。

*虽然还没有张贴上大阪宣传时用的海报，但现在熊本三井花园酒店、熊本新大谷酒店、绿茵酒店、熊本全日空新天空酒店等各家酒店已经苦心设计并精心准备了酷 MA 萌的主题房间，等候粉丝们光临。此外，各家酒店房间里都摆放了酷 MA 萌商品，只是这些商品不能被擅自带回家哦。

酷MA萌像与合影熊

FRP（纤维增强复合材料）制的"酷MA萌观景点"还没有设置好，我们以类似的形式于2012年8月在4个地方设置了"酷MA萌像"，分别是阿苏山索道、天草海豚资讯中心、熊本县政府物产馆、熊本县政府。其实还有一个，比县内设置的这些都要早，2012年3月就最先出现在大阪难波大花月的地下楼层。那个"酷MA萌

△ 合照熊（用智能手机扫一下招牌上的二维码，像右边的照片一样的酷MA萌就会出现，这样就可以和他一起拍纪念照了）

△ 熊本县政府里的酷MA萌像

像"不知为何看起来和大阪尖头福神有点儿像又有点儿不像……

大阪、熊本共5个地方设置了酷MA萌像，按照设置者的说法，酷MA萌像会给人们带来好运，遇到1个会结交更多朋友，遇到5个会恋爱顺利、夫妻恩爱。

另外，"合影熊"运用了智能手机的 AR（增强现实）软件技术，通过它就可以在县内的各个观光地和酷 MA 萌相见了。

各个观光地都设有"合影熊标志"，用智能手机对着它扫一扫，然后酷MA萌就神奇地出现在了手机显示屏上。这样就可以以观光地为背景，和酷MA萌一起拍纪念照了。

现在熊本、新玉名、新八代、新水俣等各个新干线停靠站都设置了"合影熊"，还有阿苏大观峰茶店、天草玫瑰念珠馆、宇土游艇基地、鞠智城、八千代座、通润桥、青井阿功神社、芦北打濑船等，设置"合影熊"的场所还在不断增加。只要有智能手机就可以和酷 MA 萌合影。请以集齐所有场所的酷 MA 萌合影为目标吧。

只用本县食材的酷 MA 萌美食评鉴大会

我们的想法是只用本县食材举办一场美食评鉴大会。虽然比赛的名称只是把酷 MA 萌和"世界品质评鉴大会"拼在一起，但还是挺吸引人的吧？

每年熊本县政府工商会联合会都会在县内实施"熊

本美味！"计划，在这个基础上继续推进也不失为一条捷径。同时邀请县外的企事业单位参加，如果能发展成国家级比赛那就更有趣了。

按照比赛排名，我们会向获奖者颁发"酷 MA 萌美食评鉴大会"金奖、银奖和铜奖。

"酷 MA 萌美食评鉴大会"的原创贴纸上设计了酷MA 萌形象，获奖者的殊荣就是可以将贴纸贴在自己的商品上。

当前，审查分为县内企事业部门和县外企事业部门进行。将来要是能设置海外企事业部门就更好了。

我们期待县外企事业部门可以灵活运用熊本县政府的本土食材并开发出新的加工食品。

我们的目标是通过和县内外企事业单位相互切磋，取长补短，促进本土食材消费扩大和品质提升。

审查员的阵容非常强大，有县内的著名厨师土山宪幸、齐藤隆士等，当然小山薰堂也加入了审查的队伍。

期待著名审查员的共同参与可以提高"酷 MA 萌美食评鉴大会"的影响力。

↘ 酷 MA 萌农场送出的产品

　　我们想建立一种会员制的县产品配送制度。以"酷MA萌农场"的名义，定期配送合作的县内农场或企业生产的农林水产品或加工食品。

　　当然，农产品都是经过"酷MA萌绿色农业标志"即大家所熟悉的"草帽酷MA萌"认证的。加工食品选择的都是味噌、酱油、柚子胡椒、番茄味噌等使用了本土食材的安全产品。

　　所有产品都倾注了生产者深厚的情感，就像父母对游子的牵挂和关爱一样。

　　商品都是经过"酷MA萌原创包装"后才被送出的。对，是"送出"而不是"寄出"。一并送出的还有一封来自酷MA萌的信。信上写着所送商品的详情，也会提到生产者的近况。根据季节变换，也会很有雅趣地附上嫩叶或红叶。有时还会附上酷MA萌帮忙除草的照片……

　　我们还想建立"酷MA萌农场"业主制度。培育大豆，进行收割，加工成味噌或豆腐送给业主。业主随时可以参与除草、收割、制作味噌或豆腐等环节的工作，还可以在网上随时了解作物的长势。业主们共同庆祝丰收，担忧台风，忧心收成……

酷MA萌带动本土产品的十次产业化

熊本县政府是全国屈指可数的农业县。在县内，为实现农业的六次产业化，我们积极投身各项工作，但酷MA萌身为"熊本惊喜吉祥物"必须提出更有酷MA萌风格的方案才行。

农业的六次产业化是指农村地区各产业之和，即1+2+3=6。其意为，农业不仅指农畜产品生产，还应包括与农业相关联的第二产业（农畜产品加工和食品制造）和第三产业（流通、销售、信息服务和农业旅游）。是根据农业经济学者今村奈良臣的主张而创造的新词。在推进六次产业化后，我们需要思考想成为"众望所归的熊本"所必需的是什么。从品牌论的角度来说，就是要做到与众不同，也就是具备"别的县所没有的优势"。

不用说，当然是酷MA萌了。

但是在此，我们不想武断地说就是在产品包装上使用酷MA萌或贴上酷MA萌贴纸。虽然很多商品已经这么做并取得了成效。

前文也写到过要"以回馈的心情送达"。酷MA萌的工作就是不断播撒惊喜和快乐的种子。六次产业化从生产商品到送到消费者手中这个过程，其中究竟能包含多少回馈的心意呢？从事六次产业化工作的人们，如果能把自己想象成酷MA萌向接收商品的消费者传递惊喜并取悦他们，这对于从事生产到流通各项工作的每一个县民来说都是件幸福的事。

我们想象着各种各样的场景，比如在柜台看到促销广告的时候，拿着商品的时候，或者收到商品的时候，拆开包装纸的时候，打开包装的时候，阅读商品说明书的时候，当然还有品尝商品的时候，希望能让消费者们感叹："真有意思！""原来还有这一手啊！""欸，原来如此！""被耍了！""好搞笑……"我们希望设计并实践的就是这种别出心裁的策划。不觉得光想象这些场景就已经很开心了吗？

惊喜和快乐是无价的。而且还可以通过脸书（facebook）或推特（twitter），当然还有街谈巷议，在人群中得到不断扩散和传播。

我们特意将这种"创造"（这种时候，还只停留在"想象"阶段的话就麻烦了）、"惊喜"或"快乐"之类的附加价值的活动定位为第四产业，并作为六次产业的补充，提出了十次产业化的概念。

"酷 MA 萌带动本土产品的十次产业化"说的就是"六次产业化"＋"熊本惊喜"。

"十次产业化"这个词已经开始在很多场合被广泛使用。在网上搜索一下就会发现，牧野义司（媒体办公室《时代刺载人》主持）写道："将观光农业定位为第四产业，再加上观光农园或农业体验、农业旅游等可以称作第四产业的部分……共计十次产业化，形成了一种新的经济模式。"儿玉克哉（三重大学副校长）也给予了高度评价："（专利或实用新型、外观设计）知识产权（第四产业）相互整合创造出具有更高价值的产品，从而提升竞争力。相加的结果就是第十产业。"

第四产业的定义还没定论，但肯定的是已经有人看清了六次产业化的发展方向，并开始采取行动了。

酷 MA 萌本身就是"品牌"

在第三章中我们已经坦白了，2010 年，酷 MA 萌团队关西部队的活动始于"关西战略"，任务是"提高熊本在关西地区的知名度"。

为此我们有效地发挥了"熊本惊喜吉祥物酷 MA 萌"的作用。

酷 MA 萌的火爆程度远远超出了我们的预料。从兼职职员"熊本惊喜特命全权大使"一下子晋升为"营业部长"。非比寻常的晋升之路也被多家新闻报纸广为报道。

2011 年 1 月，酷 MA 萌登上了"难波大花月"的舞台，11 月出演了关西鬼怪节目《侦探！Knight Scoop》。"2011 年吉祥物大赛"夺冠后，酷 MA 萌成为多家电台、电视台竞相争抢的红人，现在已经红遍全国了。

2014 年黄金周，酷 MA 萌接受 Hello Kitty 邀请来到三丽鸥彩虹乐园（东京都多摩市）进行嘉宾表演（之后又多次来此表演）。

就像之前所说的，几乎每天都有企业向我们询问商

△ 酷MA萌和Hello Kitty合影

品化事宜，不仅有县内的企业，还有全国的大型企业。

在酷MA萌人气高涨的同时，人们对熊本的关注度也在提高。开始听到有人说"我想去熊本见酷MA萌""我想去熊本买酷MA萌商品"。让我们高兴的是，还有人提出申请说"熊本的广告宣传做得非常有意思，我想去听一听他的故事"。

而且事实上，很多外县的酷MA萌粉丝来到熊本，横扫了县民百货店及城彩苑、鹤屋百货店的酷MA萌商品柜台。因为有拍大头贴机和扭蛋机等个性鲜明的酷MA萌商品，县民百货店成了酷MA萌粉丝的圣地，作为他们来熊本时必去的地方。晚上来到下通的"熊酒吧"，还

△ 可以和酷MA萌一起喝熊本本地酒的熊酒吧

可以看到粉丝们和酷 MA 萌一起喝球磨烧酒等本地酒的情景。

说到东京就会想到天空树。说到京都就会想到金阁寺。说到熊本就会想到酷 MA 萌。

说到广岛就会想到红叶馒头。说到北海道就会想到白色恋人。说到熊本就会想到酷 MA 萌。

现在，如果在熊本县政府外问人们："说到熊本你会想到什么？"相信很多人都会回答酷 MA 萌吧。

酷 MA 萌是为了宣传熊本而诞生的，等我们意识到的时候，酷 MA 萌本身已经成长为"熊本的品牌"了。

看到酷 MA 萌已经可以放开酷 MA 萌团队的手独自

前行了，我们心里难免会有点儿空落落的，但这也让我们再次坚定决心要更加全力支持酷MA萌，做他坚强的后盾。

从畅销物到超级明星

就算让酷MA萌团队，或是"没出息的地方公务员团体酷MA萌和有趣的朋友们"制造"惊喜"，我们能想到的只是绞尽脑汁思考生日或圣诞节该送恋人或孩子什么礼物，还有该在贺年卡上写什么祝福语之类的。

但如果说是让酷MA萌去逗外县的客人开心，那么我们多少还是有些主意的。

而且不光没出息的地方公务员，如果有更多的县民能站在各自的立场为制造惊喜出谋划策，努力让县外来的客人玩得尽兴，那么熊本也会变成一个更加快乐的地方。

不仅如此，在酷MA萌体操大集合的时候，我们看到了模仿酷MA萌的玩偶服和很多自制的酷MA萌商品，可见不光熊本的人们，很多酷MA萌粉丝也有这样的天分。

酷 MA 萌能不能成为国际性的吉祥物，熊本能不能成为"受欢迎的县"，都取决于支持着酷 MA 萌的众多粉丝所制造的"熊本惊喜"。

让我们从现在开始一起把酷 MA 萌从"畅销物"培养成"超级明星"吧!

2011 年 11 月 9 日，法政大学的坂本光司教授公布了 47 个都道府县的"幸福指数"排名。据说这是日本生活最幸福的都道府县的排名。熊本县政府和佐贺县并列排在第五名。"幸福指数"是指生活及安全性、医疗及福祉的发展水平等 40 个指标，按 1 分到 10 分进行赋值给分，最后再进行合计的结果。

这是东日本大地震前的数据，当然还没有对酷 MA 萌进行赋值给分。

但是,如果给酷 MA 萌打分并反映在这个"幸福指数"中，我们坚信熊本县政府的排名一定会上升到更前面的。

第二部分

酷MA萌本土战略的秘密

熊本县政府酷MA萌团队熊本部队

第六章

原点是保育园和幼儿园的孩子们

熊本县政府感受到了"过而不入"的危机

在此我们需要换一个解说员。第一部分主要讲述了酷 MA 萌在关西的活动。当然在此期间酷 MA 萌也没有忘记本土熊本，在熊本当地一丝不苟地开展了各项工作。第一部分中出现的"熊本别动部队"也就是所谓"酷 MA 萌团队熊本部队"。第二部分要介绍的就是他们开展的一系列活动。

酷 MA 萌团队熊本部队成立于 2009 年 4 月，比关西部队整整早了一年。九州新干线将在 2011 年 3 月全线通车，成立这支部队的目的就是为了把握这次机会，促进熊本的地域发展，推动"建设新干线熊本"计划。

九州新干线全线通车对于熊本而言是一个好消息。如果新干线从博多延伸至鹿儿岛，从大阪就可以直达熊本。可是另一方面，熊本也感受到了"过而不入"的强烈危机。因为新干线连接的是博多站和鹿儿岛中央站。熊本只是一个中途站，鹿儿岛也是一个非常有魅力的县，更何况还有终点站效应，光是这点就会吸引很多人。熊本如果不发愤图强、积极宣传，很可能没办法吸引游客们在中途下车。

当然，熊本县政府内也有以阿苏山和天草为代表的得天独厚的自然风光，还有加藤家、细川家等悠久的历史和灿烂的传统文化，可供开发的优质资源非常丰富。把这些资源重新发掘出来，并打造独特的魅力，那么来熊本的人应该会越来越多。新干线元年战略的宗旨是不仅要介绍这些资源，还要促进地区建设，集民间众人之力挖掘特色亮点，不局限于新干线沿线地区，整个熊本县政府都要充分利用优势，吸引游客驻足。

因此，我们想找一个合适的人来当顾问。这时有人推荐了熊本县政府天草出身的小山薰堂。推荐小山薰堂的是外部机构新干线元年委员会的石原靖也委员长。石原靖也是"出水"庙会的策划人。"出水"庙会在熊本城周边举行，现在已经完全成了熊本秋天的一道亮丽风景。2009年7月，我们和石原靖也一起到东京拜访小山薰堂并邀请他做我们的顾问，小山薰堂爽快地接受了我们的请求。

酷MA萌只是附带产生的！

在和我们商谈后，小山薰堂提出了活动的标语，也就是"熊本惊喜"。他认为："在我们的身边有很多让人惊喜的美好事物，要重新发现这些事物。而且不要一味地向其他县的人们宣传，首先要让自己乐在其中。如果不这样的话，外人也会无法发觉其中的妙处。"

我们本来还担心小山薰堂这样的大人物所说的话肯定很高深，没想到"熊本惊喜"的构想居然和我们的想法不谋而合。于是我们决定立刻实施"熊本惊喜"计划。这是2009年12月的事。

为此，我们还制作了"熊本惊喜"的商标。小山薰堂委托设计公司的水野学帮忙设计,水野学以感叹号"!"为主题，将其设计成被火之国熊本的热情所融化的样子。2010年2月11日，我们发布了这个商标。这时距新干线开通还有一年零一个月。

△ 商标发布会。新干线元年委员会的石原靖也委员长（左）和小山薰堂

那时，小山薰堂对我们说："既然有了商标，就顺便再做一个吉祥物吧。"说着他便拿出酷MA萌的插画给我们看。样子和现在的几乎一模一样，酷MA萌的名字也是那个时候起的。

随着新干线通车后各种活动的接踵而来，有了吉祥物活动就更容易开展了，也更容易给人们留下深刻印象。

更重要的是大家都没想过可以有自己的吉祥物，所以特别兴奋。

原本我们想过请其他吉祥物复出为活动造势。1999年熊本国民体育大会时以熊本自然环境中的火、水、木为元素设计出了来火、来水、来木三胞胎吉祥物。我们想让来火、来水、来木重新回归，再干一番事业，于是开始四处打探和寻找他们的下落，就在这时小山薰堂为我们带来了一份惊喜礼物，酷MA萌从天而降了。

奇幻的"第一代"

后来，我们以水野学的插画为基础，花了一个多月时间匆匆忙忙地制作了一件酷MA萌玩偶服，现在被酷MA萌迷们称作"原型"或"第一代"。这件玩偶服的确全身漆黑，脸颊通红，是酷MA萌没错，但只有脑袋特别大，身体部分可以清楚地看出人的轮廓，和现在的酷MA萌完全判若两人（判若两熊？）。

2010年3月24日，在熊本城的"春天的熊本与城堡祭"上举办了距新干线通车一年的预演活动"熊本惊喜in熊本城"。玩偶服酷MA萌就在这时在公开场合出道了。顺便说一下，酷MA萌的生日和九州新干线通车的日子惊人地一致，都是3月12日。这就是缘分呀。

那时共有大约10个吉祥物从县内各地赶来助威，大家一起站在舞台上，酷MA萌的位置是最角落的，因为他是新加入的又没人认识，这在当时也是没办法的。酷MA萌一个劲儿地盯着舞台中央的山本纱衣，什么动作也不会，只会跟着扭扭腰。

我们想把这一天作为新干线元年战略的正式起点，所以事前和县内各家媒体打了招呼希望他们能来采访，还召集了很多客人前来。但是仪式进行得很平淡，不像现在酷MA萌粉丝会大呼可爱并飞奔过来，酷MA萌也不会因为被紧紧包围而行动困难。

虽然人们大都非常善意地接受了玩偶服酷MA萌，但也会发现当中有些小孩子躲在妈妈身后战战兢兢地偷看，可能是因为害怕这个黑乎乎的酷MA萌吧。

当时真的谁都没想到酷MA萌会成为这么活跃的大红人。

遗憾的是随着"酷MA萌"的出现，这个玩偶服酷MA萌马上被束之高阁了。

在熊本市动植物园举行启程仪式

到了2010年，根据国家预算，酷MA萌团队的活动范围开始扩大了。利用这个机会，我们组建了酷MA萌团队。

我们需要有人跟着酷MA萌翻译他说的话，在举办活动时担任主持人或和酷MA萌一起跳酷MA萌体操。这些人就是酷MA萌团队的哥哥姐姐们，他们通常穿着黄色的法被。

起初酷MA萌和酷MA萌团队的队员相互之间还不熟悉，所以行动显得有点儿僵硬，但随着经验的不断积累，就像相声组合一样，在表演中彼此配合得越来越默契了。和保育园、幼儿园的小孩子们互动并不容易，酷MA萌团队很好地调节和活跃了现场气氛。只是调皮捣蛋的酷MA萌不太听话，这让酷MA萌团队很伤脑筋。

虽然酷MA萌天生就是个"调皮捣蛋的男孩"，但他最近的行为越来越放肆了，让看的人不禁都为他捏一把冷汗。

2010 年 7 月 2 日，酷 MA 萌团队开始活动了，并在熊本市动植物园的猴岛前举行了启程仪式。这是个被赋予厚望的开始，蒲岛郁夫知事也出席了启程仪式。

一般来说，启程仪式大多在县厅大堂举行，但这样就只有公司员工和政府职员能够参加了。这样太没新意了，而且我们想尽可能地制造话题，于是便和熊本市动植物园合作举行了启程仪式。

△ 酷MA萌团队的启程仪式

附近幼儿园的鼓笛队也为启程仪式倾情演奏，在音乐声中出场的就是现在大红大紫的酷 MA 萌。

面向孩子们开展宣传，歌曲和体操果然是必不可少的。

这时，我们已经按照"熊本惊喜"的宗旨创作了"酷

MA萌体操"歌曲，在启程仪式上首次向孩子们发布了这首歌，并且为讨大家的欢心我们还制作并分发了酷MA萌磁石和糖果。

首先要获得孩子们的喜爱

要问为什么不选择县厅而要选择在动植物园举办酷MA萌团队启程仪式，无非是因为我们的初衷就是让酷MA萌获得孩子们的喜爱。

因此，酷MA萌团队的首要任务就是到处走访各个保育园和幼儿园。

我们的考虑是：从孩子进行突破，最终也会为大人们所熟知。如果酷MA萌来到保育园或幼儿园，孩子们回家应该会和爸爸妈妈说起自己今天见到酷MA萌的事。这样孩子们的家人也会听说"酷MA萌"这个名字，像这样就能不断扩大酷MA萌的认知度，这就是我们的战术。

于是，酷MA萌团队的队员们逐个给保育园和幼儿园打电话，积极宣传酷MA萌。

但遗憾的是，那时的酷MA萌完全没有名气。我们在熊本县政府主页和宣传杂志上公告了酷 MA 萌团队的活动，但还是没人知道，所以当我们给保育园打电话时，对方会反问我们："酷 MA 萌？那是什么呀？"还有更多的是问："你们过来做什么呢？"在当时的情况下，他们确实很难理解我们拜访的目的。

因此我们准备了 4 页左右的材料来解释这些问题，包括"熊本惊喜"的宗旨、酷 MA 萌团队的活动内容和日程表等。按照这个进行说明，希望对方能接受我们的请求，为我们安排一个小时左右的时间。为了尽可能地走访更多校园，酷 MA 萌团队成员首先从自己孩子所上的保育园开始亲自过去进行推介。

就这样，工作日酷 MA 萌就去拜访保育园和幼儿园，节假日如果政府有主办活动，酷 MA 萌一定会出场，勤奋踏实地在县内各地活动着。

让我们喜出望外的是，因为酷 MA 萌的长相并没有什么特定的关联性，所以可以出现在任何场合。而像其他的不少吉祥物具有"某某吉祥物"的特定属性，虽然也很有个性或特点，但出现在某些场合就会显得突兀。比如熊本也有熊本城的肥后丸君、全国健康福祉祭的 ASO 坊健太君等各种吉祥物，如果他们出现在和自己完全无关的地方或体育活动以外的场所，可能就会让人觉得不自然。在这一点上，酷MA萌身为一个县的吉祥物可以出现在县内任何地方。

就这样酷MA萌团队的活动从7月正式开始，秋天以后各种活动的邀请也多了起来，甚至还要花时间调整节假日的日程表。如果活动都集中在同一天，我们有时还不得不反过来拒绝某些邀请。

没有当地扎实的活动就不会突然走红

2010年10月1日，酷MA萌被任命为"熊本惊喜特命全权大使"。之前酷MA萌只在县内活动，现在可以正式在大阪开始活动了。第一部分已经介绍过了，我们采取的宣传战略是让酷MA萌分发1万张名片，随后还发生了失踪事件，这些无疑成了热门话题，和县内的活动相辅相成，形成了几何效应。

然后在12月24日也就是圣诞节前夜，我们举行了新闻发布会，宣布"熊本县政府内的企业只要提出申请并得到许可，就可以在商品中使用酷MA萌"。受理申请的第一天，为了保险起见，我们准备了一间可以容纳100人左右的房间，但那天大批人群蜂拥而至，远远超出了我们的预定人数，会场被挤得水泄不通。

△ "熊本惊喜特命全权大使"的任命仪式

这件事在粉丝中也广为流传，这是酷MA萌最早受理企业申请并开始首次商品化的地方，对粉丝而言就像圣殿一般。大家都倾向于关注现场申请的企业，但其实在同一天，除了这个房间里的企业外，还有很多公司也提交了申请。各家公司乐此不疲地生产出了许许多多充满各种创意的酷MA萌商品，这无疑为酷MA萌的人气做出了巨大贡献。借此机会谨向有关企业表示真诚的感谢。

正在这时，鹤屋百货店在广告中起用了酷MA萌。

鹤屋百货店位于熊本市内大街上，是县内最大的百货店。百货店的墙壁以及拱廊顶上悬挂的广告全都是酷MA萌。看着满是酷MA萌的熊本市内大街，当时我们激动的心情现在仍记忆犹新。同时，县民百货店正门入口最显眼的地方开设了酷MA萌商品专柜。县民百货店位于通往熊本城的标志性道路沿线。如今在县外，县民百货店和附近的县物产馆等都被粉丝们视为酷MA萌商品圣地。

酷MA萌之所以突然走红是因为关西战略的宣传异常成功。但3个多月前酷MA萌团队在熊本扎扎实实开展的所有活动，也是酷MA萌成功的重要原因之一。

就像小山薰堂所说的，如果不能让生活在熊本的自己以及当地的人们喜欢上酷MA萌，就无法向县外的人传递酷MA萌的魅力。

无论大阪的"酷MA萌'神出鬼没'大作战"开展得多么如火如荼，如果熊本本地的人不喜爱酷MA萌，那么他的人气也只能是昙花一现。

正因为我们不忘初心，始终坚定地告诉人们"在熊本有这样一个深受欢迎的吉祥物""他的使命就是寻找当地美好的事物"并加以宣传，酷MA萌才能在大阪走红。

"明明连熊都没有，哪儿来的酷MA萌呀"

　　说实话，在熊本有不少人想消除人们对熊本县政府关于"熊"的印象。尽管熊本县政府的县名中就有"熊"字，可是并没有野生的熊，只有在动物园或主题公园里才能看到真正的熊。

　　光是说有野生的熊，就强化了熊本县政府给人们的"乡土"印象。在这样的情况下如果还用熊来做吉祥物，更会被其他县误解熊本真的有熊出没。所以熊本县政府曾经一度尽可能避免使用熊这一形象。

　　但偏偏这时"酷MA萌"出现了，当时县厅内也有人担心这不合适，县民还打电话来投诉："明明连熊都没有，哪儿来的酷MA萌呀。"百货店的纸袋上印刷了酷MA萌图案，我们连续接了两个多小时的投诉电话，县民们要求马上把酷MA萌撤下来，因为他们觉得拿着这样的纸袋都没办法在银座逛街了。

　　但是我们对酷MA萌的魅力深信不疑，也坚信自己所做的事是有价值的，所以竭尽全力地争取人们的理解，

"我们正在努力推广熊本惊喜，希望大家能理解。""我倒觉得酷MA萌很可爱呀。""熊本的乡土风情也值得我们珍视。"

不光吉祥物，所有新事物出现的时候肯定会受到抵触。

推出酷MA萌时，我们询问过职员们对酷MA萌的第一印象，有人说："长得跟黑蚕豆似的，没问题吗？""明明是只熊，却长着猫一样的眼睛，不觉得很吓人吗？"但当时这么说的人现在都认为酷MA萌很可爱，是熊本的宝物。

酷MA萌的魅力日益凸显，其实并不仅仅是因为插画的精美可爱。

就像有人所说的"酷MA萌的卡通形象并没有多惊艳，但看到实物后就深深地喜欢上了"。酷MA萌最大的魅力在于他能通过敏捷的动作和姿态来表达喜怒哀乐。虽然有点儿大言不惭，但我们认为米老鼠的成功之处也在于此。或许吉祥物是否受欢迎取决于他能否做出与自身形象相符的行为，总之就是能否为人们带来快乐。奈良的吉祥物迁都君也许就是因为特别活泼才获得了很高的人气。

酷 MA 萌保持着 11 秒跑完 50 米的纪录，还能从蛮高的舞台上轻松地跳下来，会骑自行车，甚至还体验过位于五木村的日本最高的 77 米蹦极。

酷 MA 萌总是用最快的速度跑向粉丝，用全身来表达渴望相见的急切心情。

通过"酷 MA 萌体操"，我们可以尽情地观赏酷 MA 萌的动作。体操的编舞师是熊本的著名演员藤本一精，负责作词作曲的是 Bombo 藤井，歌曲的名字是《熊本惊喜》。

孩子们完全学会了"酷 MA 萌体操"，并用它来欢迎酷 MA 萌

2011 年 1 月以后，酷 MA 萌的人气已经相当高了。

酷 MA 萌团队新年第一天的第一份工作就是紧锣密鼓地安排各种活动。

但酷 MA 萌团队是从走访保育园和幼儿园起步，无论变得多么抢手，只要收到保育园和幼儿园的邀请，就一定会纳入日程，前去拜访。我们不想让他们觉得酷 MA

萌成名了就再也不会来了。

就这样因为酷MA萌持续频繁地拜访，现在很多保育园和幼儿园会提前做好酷MA萌的面具和帽子等待他的到来，并且勤奋练习"酷MA萌体操"直到完全学会。刚开始举办这种活动的时候，我们会询问能否把照片登在博客上，并事先告知不想被拍到的人可以背对镜头。而现在则相反，对方会热情地打来电话要求出现在酷MA萌博客上或登出照片。

拜访时间大约为30分钟，不能太长。因为酷MA萌总是元气满满地全力以赴，爆发力很强，但属于典型的短跑选手，不休息就会吃不消。

△ 在保育园里做"酷MA萌体操"

流程是先进行"酷MA萌体操"的说明，再和大家一起做体操，这大约要花10分钟。之后的20分钟，我们会事先倾听对方的愿望，基本都会回应他们的期待。我们还会出一些和熊本相关的智力问答，就像下面这样。

"日本第一个可以随意横穿的十字路口在哪里？"（正确答案：熊本市子饲商业街的十字路口）

"人气漫画《海贼王》的作者是熊本县政府人，正确还是错误？"（答案：正确。作者尾田荣一郎出生于熊本）

回答正确的人可以获得酷MA萌周边商品作为奖励。最近，智力问答的时间减少了，向酷MA萌献歌的孩子们增多了。这也是我们最宝贵的礼物。

现在酷MA萌已经有名到要举办签名会了，而酷MA萌的签名也是在这个时候形成的。

这个时候酷MA萌偶尔还会被要求在彩纸上签名。

有人提议必须尽快制作酷MA萌的签名，某次应粉丝要求酷MA萌临场画了一个签名，效果出奇地好，于是我们决定今后就用这个即兴创作的签名了。

东日本大地震发生后的第二天，九州新干线全线通车了

从 2010 年圣诞节前夜受理申请开始，到 2011 年 2 月左右，各个公司都开始出售酷 MA 萌周边商品了。酷 MA 萌从诞生至今将近一年，如今大家都想拥有酷 MA 萌周边商品，到处询问有没有货，在哪里能买到，大多数的酷 MA 萌周边商品出现了饥饿营销的现象。一方面，县内酷 MA 萌粉丝的购买需求很旺盛；另一方面，由于九州新干线全线通车，很多县外游客也会前来购买，很多公司也意识到了这一点，所以勉强赶在 3 月 12 日的新干线通车前出售酷 MA 萌周边商品。

这时新干线通车迫在眉睫，已经进入倒计时阶段了。

酷 MA 萌也殷切地盼望着新干线通车。但正如大家所知，就在新干线终于要通车的前夕也就是 3 月 11 日，东日本大地震发生了。

那天，我们一大早就前往熊本站，准备迎接首批坐新干线来熊本的游客。然而在下午 3 点左右，我们接到

一则消息说东北出大事了。

留守县厅的人看了电视上的新闻视频，迅速判断现在绝对不是关注新干线的时候，于是打电话要求我们马上撤回，但在车站的成员并没看到电视，所以完全不知道发生了什么。

我们急忙通知有关人员取消通车庆祝会和县内各地将要举行的通车纪念活动，结果直到凌晨还在忙着应付各种情况，最后我们只睡了大约两小时，第二天一大早就前往新干线的各个车站了。我们缩小了庆祝仪式的规模，但知事的想法是"难得新干线通车并有游客到熊本来，虽然不能很铺张，但简单的欢迎仪式还是要有的"，所以暂时我们没让酷MA萌参加，只分发了纪念品。

我们最初的计划是在熊本城、新干线的各个车站（新玉名、熊本、新八代、新水俣）等县内各地同时举行通车纪念活动，并打算让酷MA萌出席县内各地的活动，以分钟为单位紧密地安排了他的行程。酷MA萌原本就是为了这一天而生的，这一天本应成为迄今为止所有活动的缩影，是当之无愧的酷MA萌主场。

但是东北地区情况如此危急，我们不可能举行庆祝活动，当然也没有这样的心情。其实从通车那天开始，我们有一整年的活动计划，但这一时期的活动只能全都中止了。粉丝们非常担心，在推特上发了很多留言询问酷MA萌现在的情况。

过了一段时间，蒲岛知事对我们说："一直中止活动是不行的。越是这种时候越要让大家打起精神来。"于是酷MA萌从3月25日起重新开始活动了。

进入4月，县厅新的一个年度开始了。以4月1日为界，酷MA萌团队的成员有所变动。这次地震对所有日本人来说都是重大的灾难，虽然是这样没错，但酷MA萌是为了支援新干线通车而生，还没有看到他大显身手的英姿就要离开团队了，相信他们的内心肯定是非常遗憾的。

2011年度第一份重要工作就是进行募捐，帮助受灾的3个县的孩子们，我们设立了"酷MA萌募捐"，得到了很多企业、民间团体和县民们的大力支持。6月，我们举办了"东日本大地震复兴支援慈善义卖"，7月，酷MA萌和知事一起慰问了熊本县政府对口支援地宫城县的保育园和幼儿园，10月，我们在熊本城的二丸公园召集3900名酷MA萌粉丝一起跳"酷MA萌体操"，并收录成视频送到东北地区为灾民们加油打气，还举办了很多与赈灾相关的活动。

🐻 "我们在熊本等你"

10月1日，我们重新举办了地震后中止的活动。我们以"熊本惊喜之夜"的名义，在熊本城举行了原计划3月就该完成的电影首映会，片名是《我们在熊本等你》。县内各地致力地域发展的人士齐聚一堂，酷MA萌拍摄了最后一个镜头，影片圆满杀青。影片的导演是小山薰堂，负责摄影的是OBSERAL公司。

现场还有一辆拍摄电影时用的带摄像机的吊车，从上空俯拍现场，人们都微笑着挥舞双手回应摄像机。随后工作人员现场对拍摄的影像进行剪辑，形成一个完整的作品，并当场在首映会上播放。这是只有小山薰堂才能想到的惊喜策划。

当工作人员在会场一角进行最后的剪辑时，现场的人们一边对饮日本酒或球磨烧酒等本地酒，一边期待着。在造酒协会的支持下，我们采购了大量的本地酒（这笔收益也捐给了"酷MA萌募捐"）。

惊喜影片是由熊本县政府内5家电视台的摄影师共

同完成的，从另一层意义上来说也是一个惊喜策划。为了迎接九州新干线全线通车，平时属于竞争关系的各家电视台也在小山薰堂的提议下联合起来了。各家电视台在县内开展寻宝活动，结果发现许多人虽然平常容易被人忽略，但其实非常有个性，只要仔细留意就能发现他们身上的闪光点，他们将这些人物收录在影像中加以整理并制作成了一部作品。

后来还有一段故事。"亚洲短片电影节"是受到美国奥斯卡金像奖承认的，由日本发起的亚洲最大的国际短片电影节。2012 年 6 月 14 日，在"亚洲短片电影节"的开幕式上，这部惊喜影片《我们在熊本等你》获得了第一届观光影片大奖。这的确是一部充满惊喜的影片，我们强烈推荐您在视频网站上观看。

称霸"2011 年吉祥物大赛"！

2011 年秋天，酷 MA 萌的人气再创新高。当然，在此之前我们已经切身地感受到了酷 MA 萌的人气正与日俱增。因为酷 MA 萌团队变得非常抢手，受理商品化申请的负责人更是席不暇暖，忙得不可开交。

但是，现在想起来这些还只是小试牛刀。同年11月，酷MA萌在"2011年吉祥物大赛"上夺冠，才真正在全国范围内扩大了知名度。

"吉祥物大赛"由滋贺县彦根市的"社团法人吉祥物峰会协会"（即现在的一般社团法人日本当地吉祥物协会）主办，采用大众投票的形式，在全国的自治体或团体的吉祥物中选出人气指数高的前10名。2010年的大赛，酷MA萌没有报名，那一年的冠军是滋贺故乡观光大使T.M.Revolution的西川贵教的吉祥物塔博君和彦根的彦根猫。

这回是酷MA萌首次参加。

因为之前酷MA萌和以关西为代表的全国各地的吉祥物有过交流，所以这次我们从吉祥物峰会协会处拿到了参赛通知，不需要报名费，只要在网上申请就可以参赛了。

因为知道酷MA萌在大阪也很有人气，所以我们对他进入前10名还是抱有一定期待的。我们赶在报名截止日前提交了申请，但没太当回事，还差点儿忘了提交。

浏览吉祥物大赛的主页，可以看到前10名吉祥物的实时投票情况。结果我们发现酷MA萌第一次出现的时候就排到了第二名。第一名是爱媛县今治市的巴里桑。之后酷MA萌不知什么时候从第二名变成了第一名，然后又变回第二名，总之战况异常激烈，一时难分胜负。

当初，"听说观看比赛的人很多，那我们也参加吧"，我们是怀着这样轻松的心情报名的。但不知不觉地，不仅我们，县厅的职员还有县民们，整个熊本县政府都紧紧盯着这个排名，大家都兴奋不已。到最终投票日为止，我们各自通过电脑或手机每天为酷MA萌投票。最后一天，酷MA萌和酷MA萌团队还有粉丝们一起来到熊本市内的繁荣街区，高喊着"请投出你神圣的一票"，就像真正的选举活动一样呼吁人们投票。让我们倍感温暖的是，县内的电视台也主动通过采访声援我们的活动。

最终酷MA萌完美夺冠！在埼玉县羽生市的会场上公布了比赛结果，酷MA萌和酷MA萌团队都赶到了现场，我们在舞台上领取了一座大奖杯。第二天酷MA萌便衣锦还乡了。来助威的县厅工作人员自不用说，很多酷MA萌粉丝聚集在县厅，蒲岛知事也在一楼大厅亲自出来迎接酷MA萌，并献上了贺词。大家还拍了纪念照。本书第三页的照片就是那个时候拍的。

这一天无数声援酷MA萌的县民虽然没有来到县厅，

但我们想为他们送上一份谢礼……大家集思广益，最后组建了"酷MA萌剧团"。2012年的1月到2月，我们在县内很多地方举行了巡回答谢公演。

公演活动饱含深意，我们除了向熊本县政府民们表达感激之情外，还再次声明"发掘地域魅力的活动仍在进行，希望县民们踊跃参与"。

和酷MA萌一起工作后观念改变了

县厅其实是一个工作变动非常频繁的地方。初期的酷MA萌团队成员现在几乎都在做完全不同的工作。

例如团队其中一个工作人员现在做的是"港口销售"的工作，就是面向企业利用熊本的港口提供物流方面的帮助。这和一般人想象的公务员工作不同，完全是销售工作，如果不符合条件，吃闭门羹就像家常便饭一样普遍。

但他本人是这样说的："和酷MA萌一起工作后，我深切地明白了不能因为自己行政人员的身份就畏首畏尾。只要是觉得有利于县民和企业的事情，就要全力以赴。"

另一个人在做酷MA萌推广工作之前，原本是一名药剂师，从事的是保健所的规制行政工作。保健所的规制行政工作主要有按法律规定颁发饮食店的营业许可，发生食物中毒时责令停止营业，要求收回非法抛弃的废弃物，等等。总之，几乎所有业务都在禁止人们做某些行为。

但酷MA萌的工作完全相反，不是由法律规定的，而是必须按照自己的想法去创造性地做一些事情。虽然只有短短两年时间，但当他带着酷MA萌团队的这段工作经验回到原来的保健所时，有些思维和观念发生了转变。有些情况以前他只会说"这是规定没有办法"，但现在他会考虑"怎么做才能行得通"，思考问题的方式变得更加正面和积极了。

比如，有店主来申请饮食店的许可证，但却不知道附近已经有一家类似的店，这时他还会建议申请人去向那家店学习请教等。

团队中还有一个工作人员是从熊本市役所借调的，现在他回到熊本市投身环保宣传工作。他说"和酷MA萌一起学会的工作窍门非常有用"。

有了在酷MA萌团队工作的经历，我们的观念发生了很大的变化。

最初，别说宣传了，我们当中没有一个人有促销或策划的经验，完全是一群门外汉，当然也没有可以参考的工作指南。

在那种情况下，我们一步一步地摸索前进，最终有了现在的酷 MA 萌，这个过程也是我们的一笔巨大财富。

第七章

感到迷茫的话就行动起来!

接下来才是胜负的关键，"酷 MA 萌发展第二期"计划

承蒙厚爱，酷 MA 萌在全国范围内拥有了相当高的人气，但或许接下来才是胜负的关键。这一章讲述的就是这之后策划的一些活动。

2012 年 4 月，酷 MA 萌团队进行了体制革新，同年 7 月提出"酷 MA 萌发展第二期"计划。酷 MA 萌好不容易取得了现在的成绩，"酷 MA 萌发展第二期"计划就像一个基本方针，为酷 MA 萌今后的发展指明了方向。

我们的目标是"让大家永远喜爱酷 MA 萌",并且为此确定了以下 3 条理念：

1. 提升酷 MA 萌的品牌价值；

2. 强化酷 MA 萌和熊本的关联性；

3. 可持续的组织架构。

比如当有企业提出想和酷 MA 萌合作时，我们就会把这 3 点作为判断标准，决定是否接受这项工作或推销活动。

首先，判断酷 MA 萌做这份工作是否能提升其品牌价值，还有和熊本有没有关联性。

在第一部分中也提到过，比如说酷 MA 萌在出演佳果美的"野菜生活 100 丑柑混合果汁"广告时，就考虑到了这 3 点。和大企业佳果美合作推出广告，这件事情本身就是在提升酷 MA 萌的品牌价值，因为广告会在全国范围内播放。

这则广告的焦点是商品所使用的丑柑，而丑柑是熊本县政府特产，酷 MA 萌想方设法宣传丑柑就是为了强调与熊本的关联性。

而且现在酷 MA 萌相关书籍也陆陆续续在各家出版社出版了，我们对这些书提出了前提条件：必须和熊本有关。也就是说如果要出酷 MA 萌的写真集，内容不能只拍摄酷 MA 萌，还要介绍熊本的观光名胜或物产等。

说到书这个话题，有一个新项目即将启动，那就是酷 MA 萌的四格漫画。

我们打算向县民们征集发生在他们身边的惊喜故事，然后请专业人士画成四格漫画并发表在熊本报社《熊本日日新闻》的版面上。

一般在吉祥物成名后，都会推出他的家人或朋友。也有人向我们打听："酷 MA 萌有没有兄弟呀？""出个酷 MA 萌亲子秀吧。"这些在四格漫画中会怎样呈现，请拭目以待。

共同探讨问题，迅速做出决断

想当初酷 MA 萌还籍籍无名的时候，我们为了宣传他、宣传熊本真是煞费苦心。为了寻找更多与酷 MA 萌相关的有缘人，我们拼命地进行电话推销。

在开展多种多样宣传的过程中，我们机缘巧合地发现 Do As Infinity 的主唱伴都美子是山都町人，于是酷

MA 萌受邀参加了他们的现场演出。另外，电影《黑衣人 3》的主角是一群全身穿黑衣的男人，电影宣传时，酷MA 萌因为同样一身黑而受到邀请，还戴着巨大的墨镜走了一回红毯。

不知道是不是因为我们之前卖命的电话营销取得了成效，现在的形势发生了逆转。

如今不少知名企业会主动提出要和酷 MA 萌合作。而当下的课题是如何更好地与他们展开合作。

不用说也知道，对方之所以想和酷 MA 萌合作是想用酷 MA 萌来促进产品销量，可是因为酷 MA 萌是公务员，所以只能选择特定的企业与之合作。同样一件事要是在几年前，我们可能早就一口答应了，现在却不行了。因为如今酷 MA 萌人气很高，稍不留意就会受到来自各方面的批评，比如"为什么要和他们合作？""这样真的能宣传熊本吗？"等等。因此必须调整战术，为了更好地与企业开展合作，我们会在某些方面对他们提出要求。

但与此同时，我们又想让更多的人知道酷 MA 萌，所以如何把握这个度实施起来难度非常大。

批准了一家企业的商品，另一家企业就会拿着那家的样品来问："他们的这个可以，为什么我们的就不行呢？"

再比如："阪神老虎队可以，为什么其他球队不行呢？职业棒球不都是一样的吗？""职业棒球可以的话，职业足球联赛应该也可以吧？""那么地区的球队呢？""J2足球联赛呢？"像这样，批准了一项申请就必须批准同类的其他申请，不然就会有失公平。

但是太过注重公务员工作的公平性就难以挑战新事物了，还可能会降低酷MA萌的品牌价值。

不知道开发吉祥物经济的公司有没有应对这类问题的技术诀窍，像我们这样的门外汉只能一点一点地摸索和试验。所以，当收到申请却不知道该如何处理时，就由团队全员来共同探讨，现场开展讨论并迅速得出结果。酷MA萌虽然外表笨重但脚步轻快，因此赢得了人们的喜爱。我们也想把机敏果断的优势发扬下去。

于是，我们最后得出的重大方针就是"感到迷茫的话就行动起来"！正因为我们没有自我设限，才会有现在的酷MA萌，而且这也关系着酷MA萌今后的发展。

就像前文已经叙述过的，酷MA萌出演了佳果美的"野菜生活100丑柑混合果汁"广告，但刚开始对方的要求是让酷MA萌在广告中出演佳果美的营业部长。对此，我们并没有以酷MA萌公务员的身份简单地回绝，而是拿出了自己的方案，光图示的分镜头剧本就来来回回改了5次，最后才决定以宣传熊本特产丑柑的形式制作这则广告。

佳果美的负责人说："作为企业我们致力为地域发展做贡献，而你们正好执着于使用本土的原材料生产商品，这则广告最终很好地传达了这两层意思。"双方能建立这样双赢的关系真是皆大欢喜。

🐻 到其他县开展"熊本活力计划"

我们启动了"熊本活力计划"。之前酷MA萌身为营业部长经常出现在各县举办的熊本物产展上，而如今为了加强和各地酷MA萌粉丝的交流，酷MA萌会按照大约每月一次的频率到其他县进行拜访。

事情的开端是酷MA萌收到的粉丝来信。"请来我们县吧""我想见酷MA萌一面"，类似这样的远方粉丝的心声越来越多。我们顺势而为，决定以酷MA萌还没去过的都道府县为中心为其他县的人们带去活力。

既然反正都要去的，那么除了带去活力，不如通过与熊本有关的地方和人物推动地域之间的交流。

比如说，在这项计划中酷MA萌要去拜访冲绳，而冲绳和熊本意外地有很多交集。"冲绳荞麦面"放有五花肉和红姜，是冲绳特产之一。国家的公正交易委员会似乎曾指出："冲绳荞麦面并不是用荞麦粉制成的，所以不能再叫荞麦面了。"这时冲绳生面合作社的社长根据中国的文献等资料进行反驳："这种食物从古至今一直都叫冲绳荞麦面，在这片土地上已经约定俗成了，所以即使它不是用荞麦粉制成的，也请让我们继续叫它冲绳荞麦面。"这种主张得到认可，冲绳荞麦面的叫法便一直沿用至今。而这位冲绳生面合作社的社长其实是熊本人。所以说冲绳和熊本之间有着这样一层关系。

加上战争时期，因为学童疏散政策，很多人从冲绳来到熊本。于是，有人向熊本县政府同乡会咨询能否和战时疏散到熊本的人见上一面，结果我们偶然发现在冲绳县系满市的一个叫摩文仁之丘的地方有一座祭祀熊本县政府人的墓碑，于是便让酷MA萌前往该地祭拜。

"居然让吉祥物去祭拜，太不合礼数了！"我们原本已经做好接受这种批评的觉悟了，但人们的反应并非如此。虽然也有极少数人认为我们在开玩笑，但超过数百人在推特或 YouTube 的评论栏处写下类似这样的留言："如果不是酷 MA 萌告诉我，我都不知道摩文仁还有熊本县政府人的墓碑。我一定要去一次冲绳，好好祭拜他们。"

另外就在前几天，酷 MA 萌拜访了在地震中受灾严重的东北部的南三陆町地区，这也是"熊本活力计划"的一个环节。

实际上酷 MA 萌之前也来过这里，这是第二次拜访了。再次拜访宫城县东松岛市的保育园时，那里的孩子们还记得酷 MA 萌之前来过。光是这一点就让酷 MA 萌团队的姐姐们情不自禁地号啕大哭起来，此情此景我们都不禁哭出声来。酷 MA 萌一如平常的笑脸下应该也感动得在内心放声大哭吧。

另外在临时住房里有一个叫"众人之家"的地方，这是灾民们交流谈心的场所。这原本是熊本参与艺术城邦计划（Artpolis Kahoku Project）的建筑相关人士发起的，"众人之家"也是由熊本的木材建造而成的。因为有这样的渊源，酷 MA 萌拜访了"众人之家"，那里的爷爷奶奶们甚至说能见到酷 MA 萌已经"死而无憾"了，听到这话，酷 MA 萌团队全员再次受到了深深的触动。

随后，我们在脸书和推特上号召酷MA萌粉丝某月某日到仙台青叶山公园。结果多达几十人前来，大家一起在伊达政宗像前跳起了"酷MA萌体操"。

像这样的交流活动，只有人过去的话总觉得气氛有点儿僵硬，但只要酷MA萌在场，好像突然就能顺利自然地进行了。

推特、脸书上的工作也很重要

之前好几次提到过酷MA萌会在推特上自言自语。

2013年2月10日，酷MA萌推特的粉丝数超过了150万人。以前每增加1万人要花几个月的时间，现在只需不到一个月的时间。粉丝数每天平均增加600至700多人。像"什么什么Mon"这样语尾是"Mon"的"酷MA萌语"以及"熊多关照（请多关照）""Monjour（Bonjour法语：早上好）""Kumment allez vous（Comment allez vous法语：您好吗）"等问候语都是酷MA萌在推特上自言自语的时候创造的。与熊本特产晚白柚相关的"晚上好白柚（晚上好）"还有"早上好水前寺公园"等俏皮话，都可以看出酷MA萌在想尽办法宣传熊本的特产和名胜。酷MA萌也是费尽心思才想出这些的。

推特上有很多粉丝们的留言，但遗憾的是酷MA萌没有办法一一回复。

但和熊本相关且具有话题性的提问更容易被酷MA萌选中。

看过酷MA萌推特页面的人可能会注意到上面有很多"生日快乐，唔——啾——卡噗"的推文。这是酷MA萌为过生日的粉丝送上的祝福语。

刚开通推特，粉丝数还只有几千人的时候，酷MA萌都会仔细回复。但粉丝数超过1万人以后，实在没办法全部回复了，但是至少还是希望能回复当天过生日的粉丝。于是，不知不觉地回复"生日快乐，唔——啾——卡噗"成了惯例。

之前也解释过了，"唔——啾——"模拟的是拥抱时的声音，"卡噗"表示的是被酷MA萌咬到脑袋的声音。从旁人看来只是被酷MA萌咬住了脑袋，但还有一种说法是酷MA萌本来是想亲粉丝一下的。传说正月里如果能让狮子舞中的舞狮咬一口，那一年就不会感冒，同样如果被酷MA萌咬了也会有好事情发生。

可是，一直用同样的句子太没诚意了，所以如果粉丝"强烈"要求的话，就会把"啾——"改成"啾——"，如果粉丝要求"热烈一点儿"，就会把"卡噗"变成"卡咘"等，回复时酷 MA 萌在细节上下了很多功夫，希望大家能明白他的用心。

酷 MA 萌团队还经营着脸书（facebook）。酷 MA 萌脸书官方网站上"赞"的数量，在卡通类现在位于第三（现在是指 2013 年 2 月 1 日。这是通过"（脸书）导航 卡通"检索而来的）。在酷 MA 萌前面的只有 Hello Kitty 和小柴豆。每发布一条消息，获得的"赞"通常平均有 6000 个左右。

但发布一张很棒的照片时，"赞"的数量会明显增多。如果"赞"超过 1 万个，对提供这张照片的工作人员来说是一件很自豪的事情。

拍照的人并不是专业的摄影师，但大家都充满干劲，始终坚持既然要拍就必须拍到酷 MA 萌最有魅力的镜头。或许只有在实时就能知道反响的 SNS（社交网络）上，才能有这种效果吧。

"如何才能像酷 MA 萌一样成功呢？"

经常会有人问："我们也想推出酷 MA 萌这样的吉祥物来开展宣传活动，该怎么做才好呢？""今后我们也想制作一个吉祥物并充分发挥其作用，所以想听听酷 MA 萌的故事。"

但正如大家所知，我们并不是一开始就明确目标要打造一个人气吉祥物。总的来说，是先有了策略，吉祥物是后来应运而生的。我们只是最大限度地运用了这个吉祥物。

但这样回答，可能还不能让人信服，所以我们仔细回忆了一下，整理出以下要点：

1. 明确目标对象；

2. 符合 TPO（时间、地点、场合）的媒体战略；

3. 最大限度地利用 SNS（社交网络）；

4. 酷 MA 萌灵活自如的动作和丰富的表现形式；

5. 充分利用酷 MA 萌进行宣传，获得最高领导对宣传活动的理解和支持。

如果一一说明，就会没完没了，如果你按照这 5 个角度重新阅读本书，相信就会恍然大悟了。我认为当中的最后一点"获得最高领导对宣传活动的理解和支持"尤为重要（关于这一点，第三部分知事本人会亲自说明，请阅读那个部分）。请不要觉得这是没出息的地方公务员在拍上司的马屁。从事民间企业品牌战略工作的专家们也坚持在实施品牌战略时，最高领导必须热心这项工作。

　　打造品牌需要具备 3 个要素：首先，东西如果不好就无法进行品牌推广，这是不言而喻的；其次，需要专业的队伍；最后就是最高领导必须热心这项工作。具备这 3 个要素，肯定能打造一个品牌。

　　2012 年 1 月熊本举行了品牌研讨会。这是品牌推广设计师西泽明洋在会上的一段发言。

　　遗憾的是我们并不是专业的队伍，所以寻求了很多专业人士的帮助。

　　除此之外，还有几点也是酷 MA 萌成功的关键，其中之一就是不被组织框架所束缚，实现广泛合作。一般来说，不光行政部门，只要组织变得庞大了，某个科室内发起的工作，就是这个科室的职责，很难从外部获得帮助。在这一点上，这次与新干线通车相关的各个科室，并没有在这种纵向分工上设限制。

可以说酷 MA 萌打破了组织间的围墙。当然，我们也会开展激烈的讨论，进行意见的交锋，但绝不会动摇"更好地促进酷 MA 萌成长"这一中心思想。酷 MA 萌这个吉祥物有足够的实力将我们凝聚在一起。

另外，熊本全县的宣传经费并不高，但单从用于吉祥物的经费来看，酷 MA 萌可能还是属于全国最高行列的。九州新干线全线通车的预算集中投入到这一点上，效果备受期待。

而且正如前文所述，我们免费授权企业生产酷 MA 萌商品。

得益于此，衣服、文具、食品、日用品等各行各业不约而同地开始制造各种酷 MA 萌商品，人们开始留意并购买这些商品，推动了酷 MA 萌人气的再次高涨，由此进入了良性循环。

为了让人们永远喜爱酷 MA 萌

在这一章的开头我们已经提到过，我们的目标是让酷 MA 萌成为永远受人们喜爱的吉祥物。我们深信这也有利于熊本县政府民幸福指数的最大化。

可也有人说越是突然爆红越容易很快过气，我们无论如何都想避免这种情况。10 年以后，如果媒体提到酷 MA 萌时只把他当作一个过气红人，那酷 MA 萌也太可怜了。

为了避免这种情况，我们必须毫不动摇地坚持"可持续的组织架构"这一理念。当然，为此我们不知道开了多少次会，和酷 MA 萌一样，我们也必须不断进步。现在还不能公开所有内容，敬请期待我们的后续行动。

酷 MA 萌的老粉丝们看到自己支持的吉祥物成名了，高兴的同时也会觉得有点儿落寞。我们也会听到这样的声音。

"因为以前观众很少，去见酷 MA 萌就能得到很多拥抱，现在人山人海的根本无法靠近。"

"酷 MA 萌好像离我们越来越远，感觉心里空落落的。"

但是请大家放心，不论酷 MA 萌还是我们都是从熊本出发的，我们会尽可能地优先拜访保育园、幼儿园还有养老院。县外的出差再频繁，熊本始终是我们的根据地。

　　而且，我们会在县内外继续和粉丝们保持交流。酷MA萌绝对不会忘记粉丝们的培育之恩。希望大家以后也能来和酷MA萌见面，和我们一起让酷MA萌成为"永远受人们喜爱的吉祥物"吧!

第三部分

酷MA萌上层战略的秘密

熊本县政府知事　蒲岛郁夫

为什么酷 MA 萌能被破例火速提拔

作为酷 MA 萌的直属上司，我想讲一讲营业部长酷 MA 萌的故事。

酷 MA 萌作为"熊本惊喜"计划的一员登场，之后迅速出人头地晋升为熊本县政府营业部长。酷 MA 萌升职的理由主要有以下 3 点。

第一点，当然是看重他的工作实绩。

酷 MA 萌为熊本县政府的宣传事业做出了如此巨大的贡献，当上营业部长也不是什么难事。但是，在县厅里，部长是仅次于知事、副知事的重要职位，我希望其他的部长也能认可酷 MA 萌是营业部长的合适人选这个事实。

因此我让酷 MA 萌出席了知事、副知事以及部长们共同参加的县厅大会。假设熊本是一个国家，那么县厅大会就相当于大臣们集中议事的内阁会议。酷 MA 萌在社会上已经非常有名了，通过出席县厅大会，其他的部长们也会认可他是真正的营业部长。

第二点，正是在这样的时代才更需要"梦想"。

酷 MA 萌刚开始只是一名兼职工作人员，仅仅一年时间就晋升为部长了。这在当今的日本社会是一个非常罕见的成功范例。我们希望通过酷 MA 萌让孩子和成人都相信"只要努力奋斗，梦想是可以实现的"。酷 MA 萌身为小山薰堂和水野学的孩子确实天资过人，但本人也非常努力，所以进步神速。酷 MA 萌认真努力的样子才是最迷人的。

第三点，给他这个职位，酷 MA 萌才能和企业社长等大人物平等对话。

有了营业部长这个头衔，酷 MA 萌就有资格和"有头有脸"的人平等会面了。也就是提高酷 MA 萌的社会地位从而扩大社会人际关系，提升活跃度。这种做法无

△ 酷MA萌出席县厅大会

疑取得了巨大成功。

酷MA萌团队成员已经提到过了，酷MA萌成名的契机之一是大阪失踪事件。我在冒牌的记者们面前召开了记者见面会，"我让酷MA萌在大阪分发1万张名片，但他觉得太辛苦就失踪了。如果看到他请在推特上告诉我们。"我呼吁人们提供线索的视频在网络上流传开了。

实施这个作战计划时，我们也有过困惑。因为"逃掉了"也好，"帮忙找他"也好，说到底只是按策划方案进行的表演，可能还会有人批评我"熊本县政府知事怎么能向社会传播这种不实消息呢"。但恐惧风险只会一事无成。我果断按照计划行事，结果成了热门话题。

还有一个困惑是要不要接受提议，和酷MA萌、山本纱衣宣传部长3人一起出演在吉本新喜剧的节目并在舞台上胡闹。对这件事，我周围的人都齐声反对，我在东大做教授时的学生们更是极力劝阻。但是身为熊本知事，我的天职就是奉献熊本，所以最后还是参加了。而且我想"既然要摔就摔得惨烈点儿吧"，于是便在舞台上痛痛快快地摔了一大跤。这场演出的电视转播收视率也格外喜人。

也许正是因为我率先做了这样破天荒的事，县里的职员们才意识到原来可以放手尝试各种挑战。

要敢于打破碟子，不要觉得不可能

经常有很多人会问我："熊本县政府的工作人员明明是公务员，为什么可以这么自由？"也许是因为我本人从就任知事的那一刻起就一直强调："不要觉得不可能。要思考怎么做才能行得通。"我还经常说："不要依赖国家，不要和其他县比较。熊本要自己思考，自己去做。"在县厅里很多人觉得按照国家说的去做就可以了，要和其他县比较看看自己做得怎么样。但这样就没人去主动思考了。所以我经常说"要敢于打破碟子"。这句话是韩国的金郡守告诉我的。他说："不洗碟子的人就不会打破碟子。但打破碟子也没有关系，总之要先多洗碟子。"就是不要畏惧风险，要勇敢尝试。之所以能说出这样的话，也许是因为我不是公务员出身吧。

我年轻的时候是一名后进生。从熊本的乡下高中毕业的时候，我的成绩是230人中的第二百名。而且因为我家里非常贫困，我完全没有考虑过上大学的事就到农协工作了。之后我作为农业研修生前往美国，一直过着农奴般的生活。在这个过程中，我立志要做学术研究，于是在哈佛大学取得了政治经济学的博士学位。后来我回到日本成为东京大学的教授。我遇到了很多优秀的学生，也能够埋头做喜欢的研究工作，但我心中"想把研究成果返还社会，为熊本县政府民的幸福做贡献"的想法越来越强烈，于是便辞去了东大的工作。然后，在没有政党公证和推荐的情况下，我报名参加了熊本县政府知事的竞选。在熊本县政府民的支持下，现在我已经连任两届知事了。

因为一直过着这样高风险的生活，所以我更加切身地体会到没有风险就没有收益的道理。"要敢于打破碟子"这句话恰好反映了我的人生哲学。所以如果下属问我应该怎么做，我都会回答"要敢于打破碟子"，如果没有人来问我，那就让他们自由发挥。

免费授权的原因

一系列的酷MA萌计划，完全没有在强调管理。

如您所知，酷MA萌是免费授权企业使用的，就像织田信长用"乐市乐座"政策激活经济一样，我也希望让人们通过酷 MA 萌赢利，从而激发熊本的活力。我相信如果酷 MA 萌成名了，熊本自然也会出名的。

实际上，现在 Acecook、佳果美、UHA 味觉糖、蒂罗尔巧克力等全国范围内的大型企业都开始使用酷 MA 萌做商品形象，熊本县政府菊池市还制作了"会说话的酷 MA 萌"玩偶用于销售。这个酷 MA 萌玩偶，你对它说什么它就会做什么。我参加可乐饼先生的节目时，曾这样对他说："我可以模仿得比你还好，但是今天我就不表演了，让酷 MA 萌来模仿。请唱一首可乐饼先生的歌吧。"于是酷 MA 萌玩偶就开始模仿可乐饼先生唱起歌来，引得观众们哄堂大笑。

就像这样，不只酷 MA 萌，我希望县厅的所有组织都可以这样自由和幽默。想让其他人快乐，自己必须先乐在其中。

一般来说公务员是最认真严肃的群体，县厅是最谨小慎微的地方。但我想改变这种县厅文化。酷 MA 萌计划让这件事成为可能。

如果安于现状，肯定会很快过气的

酷 MA 萌已经这么受欢迎了，如果我说还只是起步阶段，大家一定很吃惊吧。

我现在的目标是让酷MA萌拥有更高的人气。如果满足于"在熊本已经足够有名了"，那么酷MA萌肯定很快就会过气的。

曾经有一种玩具叫"抱抱酱"，突然流行起来后仅仅3个月就过气了。因为谁都可以买到，很快全日本满大街都是这种玩具。所以，我们不能自我设限，觉得"这个界限以外的人不知道酷MA萌也没关系"，而是要不断开辟新的领域。

首先我们在大阪开辟了战场。现在酷MA萌已经成为大阪的大红人了。但要是满足于此，人们很快就会厌倦酷MA萌的。所以之后我们把战线延伸到了福冈，再然后是东京。因为东京人口庞大，要想覆盖如此众多的人群应该比较费时间，但酷MA萌很快也会占领东京的。之后再继续延伸战线，然后便是进军全国了。现在我们正在开展"熊本活力计划"，酷MA萌去了北海道、宫城等地。但由于日本国土狭小，酷MA萌应该很快就能占领全国了。

如果那样的话，下一个目标就是全世界了。酷MA萌已经去过韩国、新加坡、中国台湾，现在正进军上海。

今后酷MA萌会以上海为起点，辐射全亚洲。

我的一个学生现在正在上海著名的复旦大学担任日本研究所所长。我去那里演讲的时候带上了酷MA萌，发现酷MA萌在中国也是人气爆棚。

而且，当我去美国西雅图进行熊本县政府商品高层营销时，发现美国人也特别喜欢酷MA萌。

我也由此确信"人们对酷MA萌的喜爱是超越民族的，酷MA萌一定可以走向世界"。未来如果看到酷MA萌活跃在海外的身影，不仅熊本县政府民，所有日本人都会认可他的努力。我相信人们也会因此对酷MA萌抱有更加深厚的感情。

商品年销售额达293亿日元

没有资金，没有年轻人，没有员工，如今的地方团体以及地方经济都陷入了困境。但我的座右铭是"于逆境中铸就梦想"。

熊本县政府原本也遇到了困境，面临着非常严重的财政危机。我担任知事的第一年每月工资被削减了100

万日元。就算这样每个月应该还能领到240万日元，但因为前一年的工资要缴纳税金，所以实际上到手的工资只有140万日元，我就这样度过了一整年。

财政如此困难，所以熊本县政府不可能在宣传上耗费资金。但只要绞尽脑汁、群策群力，也能做出像酷MA萌这样的宣传方案。

正因为在逆境中才能诞生酷MA萌计划。如果新干线全线通车的时候熊本是终点站，那么谁都不会想到去宣传熊本。但新干线的终点站在鹿儿岛，熊本就有可能不幸地沦为一个过路站。正因为如此才有了关西战略，希望能吸引更多关西客人来熊本。

并不是说身处逆境就一定会一事无成，赤手空拳也可能做出一番成就。而且我们之所以能做到，靠的不是硬实力而是软实力。

打造酷MA萌这样的吉祥物，比起修建道路成本要低得多，但酷MA萌商品2012年一年的销售额就超过了293亿日元。而且报告所显示的还只是一半的数据，实际结果可能还要翻倍。

巨大的宣传效果还体现在其他方面。虽然不能换算成金钱，但作为熊本县政府民的自豪感以及梦想等宝贵的东西都是酷 MA 萌带来的。考虑到这些，我觉得酷 MA 萌一年内所创造的价值大约有 1000 亿日元。

酷 MA 萌计划从无到有并作为文化事业取得了成功，是一项非常罕见的地方事业。

依靠酷 MA 萌实现日本国民幸福指数最大化

"县民幸福指数的最大化"是我最大的目标。更进一步说，我希望酷 MA 萌能为日本全体国民的幸福指数最大化做贡献。

我认为幸福指数（y）可以用以下的公式表示，酷 MA 萌已经在这 4 点上为县民幸福指数的最大化做出了贡献。

$y = f(E,P,S,H)$

E 是经济的富裕程度，P 是尊严感和荣誉感，S 是安全感，H 是梦想。这 4 点是幸福指数的主要条件，酷 MA 萌在这 4 点上都有所贡献。

那么说到酷 MA 萌的未来，我希望他能成为 100 年后仍受人们喜爱的形象。

最初我的预期是 3 年，现在看来酷 MA 萌有希望像米老鼠一样成为历经百年仍被全世界所喜爱的形象。

要实现这个目标，酷 MA 萌自身必须更加进化，要不断拓展新的领域。

因此可能还必须安排酷 MA 萌去国外留学。目前先暂时让他待在熊本也行，或者去迪斯尼乐园留学也不错。

酷 MA 萌在大家的全力支持下，凭借自己的努力迅速成长起来。

我也是从逆境中启程一步一步走到现在的。高中毕业的时候我是一名后进生，但 10 年后进入了哈佛大学，50 岁的时候当上了东京大学的教授，然后还在 61 岁的时候成为县知事。光成为县知事还不够，我有自信可以提高熊本县政府民的幸福指数。酷 MA 萌的突出表现就是我为此所做的努力之一。但这毕竟不是我一个人就能做到的，要依靠广大县民和职员们才能真正实现这个目标。

《《 后记一 》》

本书于 2011 年秋天出版，主要以大阪宣传活动（关西战略）为中心记载了酷 MA 萌诞生后一年内所发生的故事，本书的基础是一本个人出版的图书《酷 MA 萌假说——如果没出息的地方公务员团体"酷 MA 萌和有趣的朋友们"读过小山薰堂〈太可惜了——不景气中涌现出的好创意〉以外的书》（以下简称《酷 MA 萌假说》）。

后来因为一个意外的契机，本书有幸作为本次的幻冬舍新书出版。（请阅读"后记二"了解事情原委）《酷 MA 萌假说》中没有写到的第二年以后酷 MA 萌在大阪的宣传活动，我们在本书中增加了这个部分。

尽管这么说，书中记载的只是酷 MA 萌团队所有活动中极少的一部分。很多活动没能在书中进行介绍，在此向为这些活动辛勤付出的成员们表示深深的歉意。

另外，这次出版的时候，第一部分的叙述中提到的"别动部队"熊本部队在第二部分中变成了解说员，介绍了自己团队的突出成绩。而在第三部分中蒲岛知事也亲自出场了。

于是本书由个人出版升级为正式出版，最后呈现在读者们眼前的这本书，我们十分注意所写的内容是否有失偏颇，写上特别指定的公司名是否周全。我们果然只是一群没出息的地方公务员，对没能登载在本书上的其他相关人士，真的非常抱歉。

在大阪一起研究"酷MA萌话题化"的人们，熊本酷MA萌团队的队员们，帮助我们进行各种商品推广的人们，本来应该一一点名道谢的，谨在此表示由衷的感谢。

最后，蒲岛知事比任何人都要珍视酷MA萌，一直以来都非常理解我们的工作。感谢您让我们可以如此快乐地投身于这项工作。

一切要从一本小册子说起。

2011 年秋，因为别动部队在熊本的活跃表现，酷MA 萌的人气达到了最高点，当地报纸几乎每天都会刊登酷 MA 萌的消息。

临近"2011 年吉祥物大赛"，从电脑上的网页评选画面就能感受到粉丝们的热情。

但与此同时，酷 MA 萌团队以大阪为中心在关西舞台上开展的活动和精彩表现却很难传到熊本，因为当地的媒体没有安排记者在大阪跟踪报道。

明明是我们点燃了酷 MA 萌在关西的人气，一直这样默默无闻的话太说不过去了 Mon！

所以必须以某种形式在熊本宣传我们的工作，化危机为事迹。

为了拯救没出息的地方公务员，我花了3个月时间每晚对着电脑潜心写作，终于完成了一本私人版图书并起名为《酷MA萌假说——如果没出息的地方公务员团体"酷MA萌和有趣的朋友们"读过小山薰堂〈太可惜了——不景气中涌现出的好创意〉以外的书》。

虽然这本书的装订还不完善，但我迫切地想拿给小山薰堂看。我下定决心要在小山薰堂先生来熊本时亲手交给他。2011年12月8日,熊本县政府立大学举办了"熊本惊喜研讨会"，小山薰堂也出席了会议，会后我向他递交了这本书。

研讨会前夜，我们在熊本举办了特别活动，邀请了山形意大利餐厅"Al che-cciano"的厨师长奥田政行前来。活动现场，小山薰堂说："去年红白歌会上岚唱的《故乡》大受好评，因此又委托我为续曲作词，希望能在今年的红白歌会上演唱，我到现在都还没有完成呢……"我深知小山薰堂先生事务繁忙，但想起他在书中曾写到过"机会的种子落在眼前不捡起来的话太可惜了"，所以还是厚着脸皮叫住他并递上了这本书。

那时，我拼命拜托他"希望您能读一下这本书，哪怕只是贴有浮签的部分也好"。

贴有浮签的那一页写的是下面这篇文章。

后记：谨向小山薰堂先生表示感谢

小山薰堂先生，我研读了您著作中提到的《365 封信》，只顾陈述自己的事情而不考虑读者的感受，这种单方面的情感表现确实很让人困扰。

我自己在写作的时候也觉得"这样的长篇大论读的人比写的人更辛苦"。所以希望您能先读一下这篇"后记"。然后，如果您觉得还有点儿兴趣的话请再阅读第三章。

再然后……因为我们想以书籍的形式制作一本惊喜特辑，来记录酷 MA 萌的活动轨迹，所以这本书您不读也没有关系。哎呀，您还是别读了。（一听到让您别读了是不是反而稍微勾起了您的阅读欲望呢……啊，您早看出我的这点儿小心思了？）

2009 年春天，我第一次拿起小山薰堂的《太可惜了——不景气中涌现出的好创意》。

我在熊本县政府的大阪事务所上班，和相关负责人一起参与了一个策划。有一些蔬菜不符合规格，还没进入流通环节就在生产者自己的手中被扔掉了，我们希望能把这些蔬菜直接卖给大阪的快餐店。

过了午饭时间，快餐店的橱柜就会一直空着，非常"可惜"，因此我们想利用这些空置的橱柜销售不符合规格的蔬菜。

我们对蔬菜的品质很有信心，相信如果便宜出售的话，肯定会有回头客的。就算有卖剩下的还可以让快餐店用来烹制明天的快餐菜品。

好不容易才精心培育出的蔬菜因为不符合规格就扔掉的话太"可惜"了。如果能抱着赚点儿零花钱的心态向快餐店供货，那么生产者们也能有效利用这些蔬菜。

我们认为中间差额也是一种"浪费"，于是考虑采用直销系统。

我们把这个策划命名为"浪费计划"，在长期合作的快餐店的帮助下，大阪市内参与的店铺也增多了，双方形成了共赢关系。

当时我正在参与这项策划工作，这时拿起《太可惜了——不景气中涌现出的好创意》是很自然的事。因为这是小山薰堂的著作，而小山薰堂不仅是熊本县政府出身，还是新干线元年事业的顾问，不读他的书才不合情理呢。

之后，我接连读了他的《不需思考的提示——创意是这样产生的》《惊喜让人快乐——忍不住要制造惊喜》。

读过这些书后，我更加明白了小山薰堂的伟大之处。他能够通过策划让创意成为现实。

虽然相比小山薰堂的无限创意我们望尘莫及，但我们也想出了很多创意，其中也包括了一些异想天开的事。可是，这些几乎都只停留在想法上，都以在空想中自娱自乐而告终。

但小山薰堂和我们截然不同。

因为不可思议的缘分或者说"偶然力"的强大作用，2010 年春，我回到熊本，并有幸和同伴们一起参与了酷MA 萌的制作，而酷 MA 萌正是经小山薰堂之手创作面世。

我重读了小山薰堂的书，新刊《改变社会的企划术》还提到了他在熊本举行的报告会的内容。

一年半以后，酷 MA 萌先是在大阪迅速走红，后来在熊本当地也深受欢迎，要求签名的队伍排得很长，还出现了追星族，众多商品正在销售，还被大型企业用于商品包装……在"2011年吉祥物大赛"上荣获冠军……

小山薰堂先生，拜读了您的书后我们采用了书中的方法，并坚信能"做到最好"，我们秉承着这个信念用心培育您的孩子酷MA萌，希望结果没有让您失望。

虽说是自制的册子，但也有将近200页。我知道小山薰堂工作繁忙，所以也没奢望他全部读完。但是没想到第二天一大早，他便发来了邮件告诉我他已经读过了。

我高兴得快要忘乎所以了。

高兴的同时，我想和同甘共苦的同伴们还有帮助过我的人们分享这份喜悦（其实是忍不住想炫耀一番），于是我以"内部资料"的名义自费印刷了这本书。

内部的反响也很不错，正在我沾沾自喜的时候，蒲岛知事找到了我并对这本书大加赞赏。他在东京和小山薰堂碰面的时候，小山薰堂先生说起了这本书，并把我印刷后分给他的一本《酷MA萌假说》递给了知事。"居然还有这一出……"小山薰堂先生送了我这样一份惊喜回礼。

小山薰堂先生带来的惊喜还在继续。他在2012年8月下旬出版的《小山薰堂幸福的工作术——把无聊的日常变成特别的纪念日》（NHK 出版）中讲述了我递交《酷MA 萌假说》的这个故事。

然后这次得以出版……

小山薫堂先生也许不知道，这对我这样一个微不足道的地方公务员来说真是一个巨大的惊喜。明明连后记都写了，但我想直到在书店柜台拿到书为止，我都很难相信美梦竟能成真。

"机会的种子落在眼前不捡起来的话太可惜了。"那个时候，我如果因为犹豫而没有递出《酷MA 萌假说》或者忘记贴上浮签的话……

确实，机会的种子无处不在，我的面前也有过这样一颗。

小山薫堂先生，再次感谢您为我带来的这份最大的惊喜。谨在此表达我深深的感激之情。

2013 年 3 月 成尾雅贵

后记三

小山薰堂的回复邮件

[第一封] 小山薰堂（2011/12/09 08：12）：

成尾雅贵先生：

哎呀，我认输了！

完全被您折服了，我投降！

至今我收到过信件无数，如果说您的这本书是一封信的话，那一定是世界上最真挚的一封信。我发自内心地觉得我能从事熊本县政府的工作真是太好了……不，我能写出那本书真是太好了……

如果可以的话能再给我一本吗？我想让幻冬舍新书的负责人也看一下，他一定会非常乐意的。

另外请问您有在什么地方分发过这本书吗？

希望您能告诉我这本书今后的宣传计划。

在接下来的一段时间里，我会把《酷MA萌假说》作为自己心中的护身符随身携带。

请代我向制作这本书的相关人士表示问候。

在满载高祖父小山秀之进追忆之情的大浦天主教堂旁

小山薰堂

又及：昨天晚上，我在长崎的中餐馆看到阿姨的围裙上别有酷MA萌徽章。

[第二封] 小山薰堂（2011/12/09 16：19）：

成尾先生：

今天，我从长崎回到东京了。

您又给我寄了一本呀，真是太珍贵了。

下周三我要去见幻冬舍社长，我想到时候让他也看一下。

如果就这样顺利出版的话……他确实有可能会这么说，但是冷静地想想，要向外界公开这本书还为时尚早。

酷MA萌好不容易因为个性讨喜而广受欢迎，如果这个时候发表了一个充满战略性和目的性的东西会降低人们的好感度，也许这才是最可惜的。

因此，现阶段希望您能只将这本书作为内部资料分发。

虽然这么说，我还想多要几本。

之后如果有新的内容也期待您能寄给我。

请多多关照。

小山

本书是以个人出版的《酷MA萌假说》为基础删改形成了第一部分，之后又增加了新的第二部分、第三部分，重新组织编排而成的。

著作权合同登记号
图字：01-2017-0882

KUMAMON NO HIMITSU
Copyright © KUMAMOTO PREF. TEAM KUMAMON, GENTOSHA 2013
Chinese translation rights in simplified characters arranged with GENTOSHA INC.
through Japan UNI Agency, Inc.
版权代理方：上海乐标文化传播有限公司

图书在版编目（CIP）数据

酷MA萌的秘密 / 日本熊本县政府酷MA萌团队编；陈榕榕译 . — 北京 ：北京出版社，2017. 5
ISBN 978-7-200-12861-1

Ⅰ. ①酷… Ⅱ. ①熊… ②陈… Ⅲ. ①网络营销—通俗读物 Ⅳ. ①F713.365.2-49

中国版本图书馆CIP数据核字（2017）第060617号

酷MA萌的秘密
KUMAMENG DE MIMI
日本熊本县政府酷MA萌团队　编
陈榕榕　译
*

北 京 出 版 集 团 公 司
北 京 出 版 社 出版
（北京北三环中路6号）
邮政编码：100120
网　址：ｗｗｗ.ｂｐｈ.ｃｏｍ.ｃｎ
北 京 出 版 集 团 公 司 总 发 行
新 华 书 店 经 销
北京市雅迪彩色印刷有限公司印刷
*
787毫米×1092毫米　32开本　8.5印张　130千字
2017年5月第1版　2017年5月第1次印刷
ISBN 978-7-200-12861-1
定价：48.00元
如有印装质量问题，由本社负责调换
质量监督电话：010-58572393
责任编辑电话：010-58572457

k U M A M O N

姓名 NAME

昵称 NIKENAME

公司电话 OFFICE PHONE

手机 MOBILE PHONE

地址 ADDRESS

邮箱 E-MAIL

生日 BIRTHDAY

血型 BLOOD TYPE

紧急联络人 IN CASE OF EMERGENCY

姓名 NAME

电话 PHONE

2017

Happy New Year
农历丁酉年

一月 January

日	一	二	三	四	五	六
1 元旦	2 初五	3 初六	4 初七	5 初八	6 初九	7 初十
8 十一	9 十二	10 十三	11 十四	12 十五	13 腊八	14 十七
15 十八	16 十九	17 二十	18 廿一	19 廿二	20 大寒	21 廿四
22 廿五	23 廿六	24 廿七	25 廿八	26 廿九	27 除夕	28 春节
29 初二	30 初三	31 初四				

二月 February

日	一	二	三	四	五	六
			1 初五	2 破五节	3 立春	4 初八
5 初九	6 初十	7 十一	8 十二	9 十三	10 十四	11 元宵节
12 十六	13 十七	14 情人节	15 十九	16 二十	17 廿一	18 雨水
19 廿三	20 廿四	21 廿五	22 廿六	23 廿七	24 廿八	25 廿九
26 二月	27 龙抬头	28 初三				

三月 March

日	一	二	三	四	五	六
			1 初四	2 初五	3 初六	4 初七
5 惊蛰	6 初九	7 初十	8 妇女节	9 十二	10 十三	11 十四
12 植树节	13 十六	14 十七	15 消费者日	16 十九	17 二十	18 廿一
19 廿二	20 春分	21 廿四	22 廿五	23 廿六	24 廿七	25 廿八
26 廿九	27 三十	28 三月	29 初二	30 初三	31 初四	

四月 April

日	一	二	三	四	五	六
						1 愚人节
2 初六	3 初七	4 初八	5 清明节	6 初十	7 十一	8 十二
9 十三	10 十四	11 十五	12 十六	13 十七	14 十八	15 十九
16 复活节	17 廿一	18 廿二	19 廿三	20 谷雨	21 廿五	22 地球日
23 廿七	24 廿八	25 廿九	26 四月	27 初二	28 初三	29 初四
30 初五						

五月 May

日	一	二	三	四	五	六
	1 劳动节	2 初七	3 初八	4 青年节	5 立夏	6 十一
7 十二	8 护士节	9 十四	10 十五	11 十六	12 防灾减灾	13 十八
14 母亲节	15 二十	16 廿一	17 廿二	18 博物馆日	19 廿四	20 廿五
21 小满	22 廿七	23 廿八	24 廿九	25 三十	26 五月	27 初二
28 初三	29 初四	30 端午节	31 儿童节			

六月 June

日	一	二	三	四	五	六
				1 儿童节	2 初八	3 初九
4 初十	5 芒种	6 十二	7 十三	8 十四	9 十五	10 十六
11 十七	12 十八	13 十九	14 二十	15 廿一	16 廿二	17 廿三
18 父亲节	19 廿五	20 廿六	21 夏至	22 廿八	23 廿九	24 六月
25 初二	26 初三	27 初四	28 初五	29 初六	30 初七	

七月 July

日	一	二	三	四	五	六
						1 建党日
2 初九	3 初十	4 十一	5 十二	6 十三	7 小暑	8 十五
9 十六	10 十七	11 十八	12 初伏	13 二十	14 廿一	15 廿二
16 廿三	17 廿四	18 廿五	19 廿六	20 廿七	21 廿八	22 大暑
23 闰六月	24 初二	25 初三	26 初四	27 初五	28 初六	29 初七
30 初八	31 初九					

八月 August

日	一	二	三	四	五	六
		1 建军节	2 十一	3 十二	4 十三	5 十四
6 十五	7 立秋	8 十七	9 十八	10 十九	11 末伏	12 廿一
13 廿二	14 廿三	15 日本投降	16 廿五	17 廿六	18 廿七	19 廿八
20 廿九	21 三十	22 七月	23 处暑	24 初三	25 初四	26 初五
27 初六	28 七夕	29 初八	30 初九	31 初十		

九月 September

日	一	二	三	四	五	六
					1 十一	2 十二
3 抗战胜利	4 十四	5 中元节	6 十六	7 白露	8 十八	9 十九
10 教师节	11 廿一	12 廿二	13 廿三	14 廿四	15 廿五	16 廿六
17 十八	18 九一八	19 廿九	20 八月	21 初二	22 初三	23 秋分
24 初五	25 初六	26 初七	27 初八	28 孔子诞句	29 初十	30 十一

十月 October

日	一	二	三	四	五	六
1 国庆节	2 十三	3 十四	4 中秋节	5 十六	6 十七	7 十八
8 寒露	9 二十	10 辛亥革命	11 廿二	12 廿三	13 廿四	14 廿五
15 廿六	16 廿七	17 廿八	18 廿九	19 三十	20 九月	21 初二
22 初三	23 霜降	24 初五	25 初六	26 初七	27 初八	28 重阳节
29 初十	30 十一	31 万圣节				

十一月 November

日	一	二	三	四	五	六
			1 十三	2 十四	3 十五	4 十六
5 十七	6 立冬	7 乙亥	8 二十	9 廿一	10 廿二	11 光棍节
12 廿四	13 廿五	14 廿六	15 廿七	16 廿八	17 廿九	18 十月
19 初二	20 初三	21 初四	22 小雪	23 感恩节	24 初七	25 初八
26 初九	27 初十	28 十一	29 十二	30 十三		

十二月 December

日	一	二	三	四	五	六
					1 艾滋病日	2 十一
3 十六	4 十七	5 十八	6 十九	7 大雪	8 廿一	9 廿二
10 廿三	11 廿四	12 廿五	13 公祭日	14 廿七	15 廿八	16 廿九
17 三十	18 冬月	19 初二	20 澳门回归	21 初四	22 冬至	23 初六
24 平安夜	25 圣诞节	26 初九	27 初十	28 十一	29 十二	30 十三
31 十四						

KUMAMON

2018

Happy New Year
农历戊戌年

一月 January

日	一	二	三	四	五	六
	1 元旦	2 十六	3 十七	4 十八	5 小寒	6 二十
7 廿一	8 廿二	9 廿三	10 廿四	11 廿五	12 廿六	13 廿七
14 廿八	15 廿九	16 三十	17 腊月	18 初二	19 初三	20 大寒
21 初五	22 初六	23 初七	24 初八	25 初九	26 初十	27 十一
28 十二	29 十三	30 十四	31 十五			

二月 February

日	一	二	三	四	五	六
				1 十六	2 北方小年	3 十八
4 立春	5 二十	6 廿一	7 廿二	8 北方小年 南方小年	9 廿五	10 廿六
11 廿七	12 廿八	13 廿九	14 情人节	15 除夕	16 春节	17 初二
18 初三	19 雨水	20 初五	21 初六	22 初七	23 初八	24 初九
25 初十	26 十一	27 十二	28 十三			

三月 March

日	一	二	三	四	五	六
				1 十四	2 元宵节	3 十六
4 十七	5 惊蛰	6 十九	7 二十	8 妇女节	9 廿三	10 廿四
11 廿五	12 植树节	13 廿七	14 廿八	15 廿九	16 三十	17 二月
18 龙抬头	19 初三	20 初四	21 春分	22 初六	23 初七	24 初八
25 初九	26 初十	27 十一	28 十二	29 十三	30 十四	31 十五

四月 April

日	一	二	三	四	五	六
1 愚人节	2 十七	3 十八	4 十九	5 清明节	6 廿一	7 廿二
8 廿三	9 廿四	10 廿五	11 廿六	12 廿七	13 廿八	14 廿九
15 三月	16 三月	17 初二	18 初三	19 初四	20 谷雨	21 初六
22 地球日	23 初八	24 初九	25 初十	26 十一	27 十二	28 十三
29 十四	30 十五					

五月 May

日	一	二	三	四	五	六
		1 劳动节	2 十七	3 十八	4 青年节	5 立夏
6 廿一	7 廿二	8 国际红十字日	9 廿四	10 廿五	11 廿六	12 护士节
13 母亲节	14 廿九	15 四月	16 初二	17 初三	18 国际博物馆日	19 初五
20 初六	21 小满	22 初八	23 初九	24 初十	25 十一	26 十二
27 十三	28 十四	29 十五	30 十六	31 世界无烟日		

六月 June

日	一	二	三	四	五	六
					1 儿童节	2 十九
3 二十	4 廿一	5 环保日	6 芒种	7 廿四	8 廿五	9 廿六
10 廿七	11 廿八	12 廿九	13 三十	14 五月	15 初二	16 初三
17 父亲节	18 端午节	19 初六	20 初七	21 夏至	22 初九	23 奥林匹克日
24 十一	25 十二	26 十三	27 十四	28 十五	29 十六	30 十七

七月 July

日	一	二	三	四	五	六
1 建党日	2 十九	3 二十	4 廿一	5 廿二	6 廿三	7 小暑
8 廿五	9 廿六	10 廿七	11 廿八	12 廿九	13 六月	14 初二
15 初三	16 初四	17 初伏	18 初六	19 初七	20 初八	21 初九
22 初十	23 大暑	24 十二	25 十三	26 十四	27 中伏	28 十六
29 十七	30 十八	31 十九				

八月 August

日	一	二	三	四	五	六
			1 建军节	2 廿一	3 廿二	4 廿三
5 廿四	6 廿五	7 立秋	8 廿七	9 廿八	10 廿九	11 七月
12 初二	13 初三	14 初四	15 日本投降日	16 末伏	17 七夕	18 初八
19 初九	20 初十	21 十一	22 十二	23 处暑	24 十四	25 中元节
26 十六	27 十七	28 十八	29 十九	30 二十	31 廿一	

九月 September

日	一	二	三	四	五	六
						1 廿二
2 廿三	3 抗战胜利日	4 廿五	5 廿六	6 廿七	7 廿八	8 白露
9 三十	10 教师节	11 初二	12 初三	13 初四	14 初五	15 初六
16 初七	17 初八	18 九一八	19 初十	20 十一	21 十二	22 十三
23 秋分	24 中秋节	25 十六	26 十七	27 十八	28 孔子诞辰	29 二十
30 廿一						

十月 October

日	一	二	三	四	五	六
	1 国庆节	2 廿三	3 廿四	4 廿五	5 廿六	6 廿七
7 廿八	8 寒露	9 九月	10 辛亥革命纪念日	11 初三	12 初四	13 初五
14 初六	15 初七	16 初八	17 重阳节	18 初十	19 十一	20 十二
21 十三	22 十四	23 霜降	24 十六	25 十七	26 十八	27 十九
28 二十	29 廿一	30 廿二	31 万圣节夜			

十一月 November

日	一	二	三	四	五	六
				1 廿四	2 廿五	3 廿六
4 廿七	5 廿八	6 立冬	7 十月	8 初二	9 消防日	10 初四
11 光棍节	12 初六	13 初七	14 初八	15 初九	16 初十	17 十一
18 十二	19 十三	20 十四	21 感恩节	22 小雪	23 十七	24 十八
25 十九	26 二十	27 廿一	28 廿二	29 廿三	30 廿四	

十二月 December

日	一	二	三	四	五	六
						1 艾滋病日
2 廿六	3 廿七	4 廿八	5 廿九	6 三十	7 大雪	8 十一月
9 初三	10 初四	11 初五	12 初六	13 公祭日	14 初八	15 初九
16 初十	17 十一	18 十二	19 十三	20 澳门回归	21 十五	22 冬至
23 十七	24 平安夜	25 圣诞节	26 二十	27 廿一	28 廿二	29 廿三
30 廿四	31 廿五					

KUMAMON

2019

Happy New Year
农历己亥年

一月 January
日	一	二	三	四	五	六
	1 元旦	2 廿七	3 廿八	4 廿九	5 小寒	
6 腊月	7 初二	8 初三	9 初四	10 初五	11 初六	12 初七
13 初八	14 初九	15 初十	16 十一	17 十二	18 十三	19 十四
20 大寒	21 尾牙	22 十七	23 十八	24 十九	25 二十	26 廿一
27 廿二	28 北方小年	29 南方小年	30 廿五	31 廿六		

二月 February
日	一	二	三	四	五	六
					1 廿七	2 廿八
3 廿九	4 除夕	5 春节	6 初二	7 初三	8 初四	9 初五
10 救济节	11 初七	12 初八	13 初九	14 情人节	15 十一	16 十二
17 十三	18 十四	19 元宵节	20 十六	21 十七	22 十八	23 十九
24 二十	25 廿一	26 廿二	27 廿三	28 廿四		

三月 March
日	一	二	三	四	五	六
					1 廿五	2 廿六
3 廿七	4 廿八	5 惊蛰	6 二月	7 妇女节	8 初二	9 初三
10 初四	11 初五	12 植树节	13 初七	14 初八	15 消费者日	16 初十
17 十一	18 十二	19 十三	20 十四	21 春分	22 十六	23 十七
24 十八	25 十九	26 二十	27 廿一	28 廿二	29 廿三	30 廿四
31 廿五						

四月 April
日	一	二	三	四	五	六
	1 愚人节	2 廿七	3 廿八	4 廿九	5 清明节	6 廿二
7 初三	8 初四	9 初五	10 初六	11 初七	12 初八	13 初九
14 初十	15 十一	16 十二	17 十三	18 十四	19 十五	20 谷雨
21 复活节	22 地球日	23 十九	24 二十	25 廿一	26 廿二	27 廿三
28 廿四	29 廿五	30 廿六				

五月 May
日	一	二	三	四	五	六
			1 劳动节	2 廿八	3 廿九	4 青年节
5 四月	6 立夏	7 初三	8 世界红十字日	9 初五	10 初六	11 初七
12 母亲节	13 初九	14 初十	15 十一	16 十二	17 十三	18 博物馆日
19 十五	20 十六	21 小满	22 十八	23 十九	24 二十	25 廿一
26 廿二	27 廿三	28 廿四	29 廿五	30 廿六	31 无烟日	

六月 June
日	一	二	三	四	五	六
						1 儿童节
2 廿九	3 五月	4 初二	5 环保日	6 芒种	7 端午节	8 初六
9 初七	10 初八	11 初九	12 初十	13 十一	14 十二	15 十三
16 父亲节	17 十五	18 十六	19 十七	20 十八	21 夏至	22 二十
23 奥林匹克日	24 廿二	25 廿三	26 廿四	27 廿五	28 廿六	29 廿七
30 廿八						

七月 July
日	一	二	三	四	五	六
	1 建党纪念日	2 三十	3 六月	4 初二	5 初三	6 初四
7 小暑	8 初六	9 初七	10 初八	11 初九	12 初伏	13 十一
14 十二	15 十三	16 十四	17 十五	18 十六	19 十七	20 廿二
21 十九	22 中伏	23 大暑	24 廿二	25 廿三	26 廿四	27 廿五
28 廿六	29 廿七	30 廿八	31 廿九			

八月 August
日	一	二	三	四	五	六
				1 建军节	2 初二	3 初三
4 初四	5 初五	6 初六	7 七夕节	8 立秋	9 初九	10 初十
11 末伏	12 十二	13 十三	14 十四	15 中元节	16 十六	17 十七
18 十八	19 十九	20 二十	21 廿一	22 处暑	23 廿三	24 廿四
25 廿五	26 廿六	27 廿七	28 廿八	29 廿九	30 八月	31 初二

九月 September
日	一	二	三	四	五	六
1 初三	2 初四	3 抗战胜利纪念	4 初六	5 初七	6 初八	7 白露
8 初十	9 教师节	10 十三	11 十四	12 中秋节	13 十六	
14 十六	15 十七	16 十八	17 十九	18 九一八	19 廿一	20 廿二	21 廿三
22 秋分	23 廿五	24 廿六	25 廿七	26 廿八	27 廿九	28 孔子诞辰
29 九月	30 初二					

十月 October
日	一	二	三	四	五	六
		1 国庆节	2 初四	3 初五	4 初六	5 初七
6 初八	7 重阳节	8 寒露	9 辛亥革命日	10 十二	11 十三	12 十四
13 十五	14 十六	15 十七	16 十八	17 十九	18 二十	19 廿一
20 廿二	21 廿三	22 廿四	23 霜降	24 廿六	25 廿七	26 廿八
27 廿九	28 十月	29 初二	30 初三	31 万圣节		

十一月 November
日	一	二	三	四	五	六
					1 初五	2 初六
3 初七	4 初八	5 初九	6 初十	7 十一	8 立冬	9 十三
10 十四	11 光棍节	12 十六	13 十七	14 十八	15 十九	16 二十
17 廿一	18 廿二	19 廿三	20 廿四	21 廿五	22 小雪	23 廿七
24 廿八	25 廿九	26 冬月	27 初二	28 感恩节	29 初四	30 初五

十二月 December
日	一	二	三	四	五	六
1 艾滋病日	2 初七	3 初八	4 初九	5 初十	6 十一	7 大雪
8 十三	9 十四	10 十五	11 十六	12 十七	13 公祭日	14 十九
15 二十	16 廿一	17 廿二	18 廿三	19 廿四	20 澳门回归日	21 廿六
22 冬至	23 廿八	24 平安夜	25 圣诞节	26 腊月	27 初二	28 初三
29 初四	30 初五	31 初六				

KUMAMON

2017

2018

2019

K U M A M O N

WISH&YEAR PLAN 人生愿景 & 年度目标

	人生愿景	年度目标
健康		
个人成长		
家庭生活		
事业工作		
兴趣爱好		

1 Jan.	
2 Feb.	
3 Mar.	
4 Apr.	
5 May.	
6 Jun.	
7 Jul.	
8 Aug.	
9 Sep.	
10 Oct.	
11 Nov.	
12 Dec.	

MONTHLY PLAN 月计划表

20＿＿年

1月 ☻ January ☻	2月 ☻ February ☻
1	1
2	2
3	3
4	4
5	5
6	6
7	7
8	8
9	9
10	10
11	11
12	12
13	13
14	14
15	15
16	16
17	17
18	18
19	19
20	20
21	21
22	22
23	23
24	24
25	25
26	26
27	27
28	28
29	
30	
31	

K U M A M O N

MONTHLY PLAN 月计划表

20＿＿年

3月 ● March ●	4月 ● April ●
1	1
2	2
3	3
4	4
5	5
6	6
7	7
8	8
9	9
10	10
11	11
12	12
13	13
14	14
15	15
16	16
17	17
18	18
19	19
20	20
21	21
22	21
23	22
24	24
25	25
26	26
27	27
28	28
29	29
30	30
31	

K U M A M O N

MONTHLY PLAN 月计划表

20＿＿年

5月 ☀ May ☀	6月 ☀ June ☀
1	1
2	2
3	3
4	4
5	5
6	6
7	7
8	8
9	9
10	10
11	11
12	12
13	13
14	14
15	15
16	16
17	17
18	18
19	19
20	20
21	21
22	22
23	23
24	24
25	25
26	26
27	27
28	28
29	29
30	30
31	

k U M A M O N

MONTHLY PLAN 月计划表

20＿＿年

7月 ☀ July ☀	8月 ☀ August ☀
1	1
2	2
3	3
4	4
5	5
6	6
7	7
8	8
9	9
10	10
11	11
12	12
13	13
14	14
15	15
16	16
17	17
18	18
19	19
20	20
21	21
21	21
22	22
24	24
25	25
26	26
27	27
28	28
29	29
30	30
31	31

K U M A M O N

MONTHLY PLAN 月计划表

20____年

9月 ☀ September ☀	10月 ☀ October ☀
1	1
2	2
3	3
4	4
5	5
6	6
7	7
8	8
9	9
10	10
11	11
12	12
13	13
14	14
15	15
16	16
17	17
18	18
19	19
20	20
21	21
22	22
23	23
24	24
25	25
26	26
27	27
28	28
29	29
30	30
	31

K U M A M O N

MONTHLY PLAN 月计划表

20＿＿＿年

11月 ☕ November ☕	12月 ☕ December ☕

1	1
2	2
3	3
4	4
5	5
6	6
7	7
8	8
9	9
10	10
11	11
12	12
13	13
14	14
15	15
16	16
17	17
18	18
19	19
20	20
21	21
22	21
23	22
24	24
25	25
26	26
27	27
28	28
29	29
30	30
	31

K　U　M　A　M　O　N

PROJECT PLAN 项目计划表

	12Dec. 20___年				1Jan. 20___年				2.Feb. 20___年				3.Mar. 20___年				
	49	50	51	52	1	2	3	4	5	6	7	8	9	10	11	12	13	14

K   U   M   A   M   O   N

PROJECT PLAN 项目计划表

4 Apr. 20___ 年				5 May. 20___ 年				6 Jun. 20___ 年					7 Jul. 20___ 年				8 Aug. 20___ 年				
15	16	17	18	19	20	21	22	23	24	25	26	27	28	29	30	31	32	33	34	35	36

K U M A M O N

PROJECT PLAN 项目计划表

	9Sep. 20___年				10Oct. 20___年				11Nov. 20___年					12Dec. 20___年			
	37	38	39	40	41	42	43	44	45	46	47	48	49	50	51	52	1

K U M A M O N

WEIGHT OF COORDINATE AXIS 体重管理坐标轴

起始
体重 kg

目标
体重 kg

起始
体重 kg

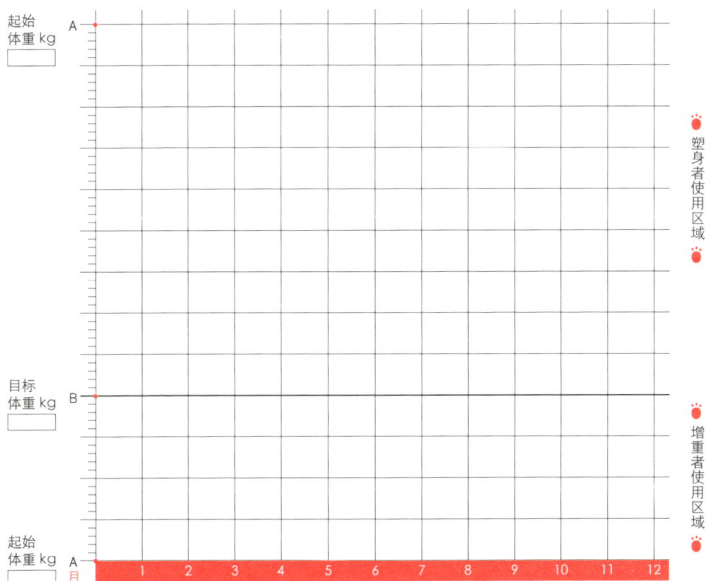

塑身者使用区域

增重者使用区域

- 起始体重 A，目标体重 B。
- AB 之间的刻度变化自行把握。
- BMI 值：身高体重指数，用身高及体重计算出是否正常。
  是目前国际上常用的衡量人体胖瘦程度以及是否健康的一个标准
  计算公式：BMI= 体重（公斤）/ 身高^2（米）

小于 18.5	18.5—24	24—28	大于 28
超轻	健康	超重	肥胖

其中 BMI=22 为理想数值

例：身高 = 1.68 米，体重 = 55 公斤

BMI = 55/（1.68）^{2}=19.4

K   U   M   A   M   O   N

愿望清单 ● WISHES ●

旅行清单 ● TRAVELS ●

读书清单 ● BOOKS ●

观影清单 ● MOVIES ●

2 ● _____

Remember This

Monday ｜ 周一

Tuesday ｜ 周二

Wednesday ｜ 周三

___月___日 *Thursday* ｜ 周四

___月___日 *Friday* ｜ 周五

___月___日 *Saturday* ｜ 周六

___月___日 *Sunday* ｜ 周日

第___周

_____月_____日   *Monday* | 周一

_____月_____日   *Tuesday* | 周二

_____月_____日   *Wednesday* | 周三

_____月_____日　　　　　　　　　　　　　　　　　　　　　　　　*Thursday* ｜ 周四

_____月_____日　　　　　　　　　　　　　　　　　　　　　　　　*Friday* ｜ 周五

_____月_____日　　*Saturday* ｜ 周六　　　　_____月_____日　　*Sunday* ｜ 周日

第_____周

K　U　M　A　M　O　N

___月___日

___月___日

___月___日

___月___日 *Thursday* | 周四

___月___日 *Friday* | 周五

___月___日　*Saturday* | 周六

___月___日　*Sunday* | 周日

第____周

___月___日　　　　　　　　　　　　　　　　　　　*Monday* ｜ 周一

___月___日　　　　　　　　　　　　　　　　　　　*Tuesday* ｜ 周二

___月___日　　　　　　　　　　　　　　　　　　*Wednesday* ｜ 周三

_____月_____日   *Thursday* | 周四

_____月_____日   *Friday* | 周五

_____月_____日   *Saturday* | 周六

_____月_____日   *Sunday* | 周日

第_____周

___月___日 *Monday* | 周一

___月___日 *Tuesday* | 周二

___月___日 *Wednesday* | 周三

🐾 ＿＿月＿＿日 *Thursday* ｜ 周四

🐾 ＿＿月＿＿日 *Friday* ｜ 周五

🐾 ＿＿月＿＿日 *Saturday* ｜ 周六

🐾 ＿＿月＿＿日 *Sunday* ｜ 周日

第＿＿＿＿周

☀ ___月___日 *Monday* | 周一

☀ ___月___日 *Tuesday* | 周二

☀ ___月___日 *Wednesday* | 周三

___月___日 *Thursday* | 周四

___月___日 *Friday* | 周五

___月___日 *Saturday* | 周六

___月___日 *Sunday* | 周日

第____周

K U M A M O N

_____月_____日　　　　　　　　　　　　　　　　　　　　　　　　　　　　　　　　*Monday* ｜ 周一

_____月_____日　　　　　　　　　　　　　　　　　　　　　　　　　　　　　　　　*Tuesday* ｜ 周二

_____月_____日　　　　　　　　　　　　　　　　　　　　　　　　　　　　　　*Wednesday* ｜ 周三

_____月_____日 *Thursday* | 周四

_____月_____日 *Friday* | 周五

_____月_____日 *Saturday* | 周六

_____月_____日 *Sunday* | 周日

第_____周

___月___日

___月___日

___月___日

____月____日   *Thursday* | 周四

____月____日   *Friday* | 周五

____月____日   *Saturday* | 周六

____月____日   *Sunday* | 周日

第____周

____月____日   *Thursday* ｜ 周四

____月____日   *Friday* ｜ 周五

____月____日   *Saturday* ｜ 周六   ____月____日   *Sunday* ｜ 周日

第____周

_ 月 _ 日   *Monday* | 周一

_ 月 _ 日   *Tuesday* | 周二

_ 月 _ 日   *Wednesday* | 周三

K   U   M   A   M   O   N

___月___日　　　　　　　　　　　　　　　　　　　　*Thursday* ｜ 周四

___月___日　　　　　　　　　　　　　　　　　　　　*Friday* ｜ 周五

___月___日　　　*Saturday* ｜ 周六　　　　___月___日　　　*Sunday* ｜ 周日

第____周

_____月_____日 *Monday* | 周一

_____月_____日 *Tuesday* | 周二

_____月_____日 *Wednesday* | 周三

___月___日　　　　　　　　　　　　　　　　　　　　*Thursday* | 周四

___月___日　　　　　　　　　　　　　　　　　　　　*Friday* | 周五

___月___日　　*Saturday* | 周六　　　　　___月___日　　*Sunday* | 周日

第___周

___ 月 ___ 日   *Monday* ｜ 周一

___ 月 ___ 日   *Tuesday* ｜ 周二

___ 月 ___ 日   *Wednesday* ｜ 周三

☀ ____月____日

☀ ____月____日 *Friday* | 周五

☀ ____月____日 *Saturday* | 周六

☀ ____月____日 *Sunday* | 周日

第____周

___月___日   *Monday* | 周一

___月___日   *Tuesday* | 周二

___月___日   *Wednesday* | 周三

___月___日　　　　　　　　　　　　　　　　　　　　　　　　*Thursday* | 周四

___月___日　　　　　　　　　　　　　　　　　　　　　　　　*Friday* | 周五

___月___日　　*Saturday* | 周六

___月___日　　*Sunday* | 周日

第____周

___月___日   *Monday* | 周一

___月___日   *Tuesday* | 周二

___月___日   *Wednesday* | 周三

___月___日 *Thursday* | 周四

___月___日 *Friday* | 周五

___月___日 *Saturday* | 周六

___月___日 *Sunday* | 周日

第____周

___月___日   *Thursday* ｜ 周四

___月___日   *Friday* ｜ 周五

___月___日   *Saturday* ｜ 周六

___月___日   *Sunday* ｜ 周日

第____周

___月___日

___月___日

___月___日

_____月_____日 *Thursday* ｜ 周四

_____月_____日 *Friday* ｜ 周五

_____月_____日 *Saturday* ｜ 周六

_____月_____日 *Sunday* ｜ 周日

第_____周

___月___日   *Monday* ｜ 周一

___月___日   *Tuesday* ｜ 周二

___月___日   *Wednesday* ｜ 周三

___月___日   *Thursday* | 周四

___月___日   *Friday* | 周五

___月___日   *Saturday* | 周六

___月___日   *Sunday* | 周日

第___周

☀ ___月___日

☀ ___月___日

☀ ___月___日

___月___日   *Thursday* | 周四

___月___日   *Friday* | 周五

___月___日   *Saturday* | 周六   ___月___日   *Sunday* | 周日

第___周

○ ___月___日　　　　　　　　　　　　　　　　　　　　　　　　　　　　　　*Tuesday* ｜ 周二

○ ___月___日　　　　　　　　　　　　　　　　　　　　　　　　　　　　　*Wednesday* ｜ 周三

___月___日　　　　　　　　　　　　　　　　　　　　　*Thursday* ｜ 周四

___月___日　　　　　　　　　　　　　　　　　　　　　*Friday* ｜ 周五

___月___日　　*Saturday* ｜ 周六　　　　　___月___日　　*Sunday* ｜ 周日

第___周

K　　U　　M　　A　　M　　O　　N

_____月_____日 *Monday* | 周一

_____月_____日 *Tuesday* | 周二

_____月_____日 *Wednesday* | 周三

_____月_____日　　　　　　　　　　　　　　　　　　　　　*Thursday* ｜ 周四

_____月_____日　　　　　　　　　　　　　　　　　　　　　*Friday* ｜ 周五

_____月_____日　　*Saturday* ｜ 周六　　　　　_____月_____日　　*Sunday* ｜ 周日

第_____周

_____月_____日 *Monday* | 周一

_____月_____日 *Tuesday* | 周二

_____月_____日 *Wednesday* | 周三

_____月_____日 *Thursday* | 周四

_____月_____日 *Friday* | 周五

_____月_____日 *Saturday* | 周六

_____月_____日 *Sunday* | 周日

第_____周

☀ ___月___日   *Monday* ｜ 周一

☀ ___月___日   *Tuesday* ｜ 周二

☀ ___月___日   *Wednesday* ｜ 周三

_____月_____日 *Thursday* | 周四

_____月_____日 *Friday* | 周五

_____月_____日 *Saturday* | 周六

_____月_____日 *Sunday* | 周日

第_____周

K U M A M O N

___月___日 *Monday* | 周一

___月___日 *Tuesday* | 周二

___月___日 *Wednesday* | 周三

_____月_____日 *Thursday* | 周四

_____月_____日 *Friday* | 周五

_____月_____日 *Saturday* | 周六

_____月_____日 *Sunday* | 周日

第_____周

_____月_____日 *Monday* | 周一

_____月_____日 *Tuesday* | 周二

_____月_____日 *Wednesday* | 周三

____月____日 *Thursday* | 周四

____月____日 *Friday* | 周五

____月____日 *Saturday* | 周六

____月____日 *Sunday* | 周日

第____周

____月____日 *Monday* | 周一

____月____日 *Tuesday* | 周二

____月____日 *Wednesday* | 周三

_____月_____日 *Thursday* | 周四

_____月_____日 *Friday* | 周五

_____月_____日 *Saturday* | 周六

_____月_____日 *Sunday* | 周日

第_____周

K　U　M　A　M　O　N

_____月_____日 *Monday* | 周一

_____月_____日 *Tuesday* | 周二

_____月_____日 *Wednesday* | 周三

第___周

_____月_____日 *Monday* | 周一

_____月_____日 *Tuesday* | 周二

_____月_____日 *Wednesday* | 周三

___月___日

___月___日

___月___日 *Saturday* ｜ 周六

___月___日 *Sunday* ｜ 周日

第___周

_____月_____日   *Monday* | 周一

_____月_____日   *Tuesday* | 周二

_____月_____日   *Wednesday* | 周三

___月___日 *Thursday* | 周四

___月___日 *Friday* | 周五

___月___日 *Saturday* | 周六

___月___日 *Sunday* | 周日

第___周

● ___ 月 ___ 日 *Monday* ｜ 周一

● ___ 月 ___ 日 *Tuesday* ｜ 周二

● ___ 月 ___ 日 *Wednesday* ｜ 周三

____月____日   *Thursday* | 周四

____月____日   *Friday* | 周五

____月____日   *Saturday* | 周六   ____月____日   *Sunday* | 周日

第____周

___月___日 *Monday* | 周一

___月___日 *Tuesday* | 周二

___月___日 *Wednesday* | 周三

___月___日 _Thursday_ | 周四

___月___日 _Friday_ | 周五

___月___日 _Saturday_ | 周六

___月___日 _Sunday_ | 周日

第____周

K U M A M O N

____月____日 *Monday* | 周一

____月____日 *Tuesday* | 周二

____月____日 *Wednesday* | 周三

___月___日 *Thursday* | 周四

___月___日 *Friday* | 周五

___月___日 *Saturday* | 周六

___月___日 *Sunday* | 周日

第____周

___月___日   *Monday* | 周一

___月___日   *Tuesday* | 周二

___月___日   *Wednesday* | 周三

K　U　M　A　M　O　N

___月___日　Thursday ｜ 周四

___月___日　Friday ｜ 周五

___月___日　Saturday ｜ 周六

___月___日　Sunday ｜ 周日

第___周

_____月_____日   *Monday* | 周一

_____月_____日   *Tuesday* | 周二

_____月_____日   *Wednesday* | 周三

K U M A M O N

_____月_____日 *Thursday* | 周四

_____月_____日 *Friday* | 周五

_____月_____日 *Saturday* | 周六

_____月_____日 *Sunday* | 周日

第_____周

_____月_____日 *Monday* | 周一

_____月_____日 *Tuesday* | 周二

_____月_____日 *Wednesday* | 周三

___月___日 *Thursday* | 周四

___月___日 *Friday* | 周五

___月___日 *Saturday* | 周六

___月___日 *Sunday* | 周日

第___周

_____月_____日   *Monday* ｜ 周一

_____月_____日   *Tuesday* ｜ 周二

_____月_____日   *Wednesday* ｜ 周三

K   U   M   A   M   O   N

___月___日   *Friday* ｜ 周五

___月___日   *Saturday* ｜ 周六

___月___日   *Sunday* ｜ 周日

第___周

第____周

_____月_____日 *Monday* | 周一

_____月_____日 *Tuesday* | 周二

_____月_____日 *Wednesday* | 周三

___月___日 *Thursday* | 周四

___月___日 *Friday* | 周五

___月___日 *Saturday* | 周六

___月___日 *Sunday* | 周日

第___周

K U M A M O N

___月___日 *Monday* | 周一

___月___日 *Tuesday* | 周二

___月___日 *Wednesday* | 周三

___月___日　　　　　　　　　　　　　　　　　　　　　　　*Thursday* ｜ 周四

___月___日　　　　　　　　　　　　　　　　　　　　　　　*Friday* ｜ 周五

___月___日　　　*Saturday* ｜ 周六　　　　___月___日　　　*Sunday* ｜ 周日

第____周

___月___日   *Monday* ｜ 周一

___月___日   *Tuesday* ｜ 周二

___月___日   *Wednesday* ｜ 周三

___月___日 *Thursday* | 周四

___月___日 *Friday* | 周五

___月___日 *Saturday* | 周六

___月___日 *Sunday* | 周日

第___周

___月___日　　　　　　　　　　　　　　　　　　　　　　　　*Monday* | 周一

___月___日　　　　　　　　　　　　　　　　　　　　　　　　*Tuesday* | 周二

___月___日　　　　　　　　　　　　　　　　　　　　　　　*Wednesday* | 周三

K　U　M　A　M　O　N

☀ ___月___日　　　　　　　　　　　　　　　　　　　　　　*Thursday* | 周四

☀ ___月___日　　　　　　　　　　　　　　　　　　　　　　*Friday* | 周五

☀ ___月___日　　　*Saturday* | 周六　　　☀ ___月___日　　　*Sunday* | 周日

第_____周

　＿＿月＿＿日　　　　　　　　　　　　　　　　　　　　　*Monday* ｜ 周一

　＿＿月＿＿日　　　　　　　　　　　　　　　　　　　　　*Tuesday* ｜ 周二

　＿＿月＿＿日　　　　　　　　　　　　　　　　　　　　　*Wednesday* ｜ 周三

___月___日　　　　　　　　　　　　　　　　　　　　　*Thursday* ｜ 周四

___月___日　　　　　　　　　　　　　　　　　　　　　*Friday* ｜ 周五

___月___日　　*Saturday* ｜ 周六　　　　　___月___日　　*Sunday* ｜ 周日

第___周

____月____日 *Monday* | 周一

____月____日 *Tuesday* | 周二

____月____日 *Wednesday* | 周三

_____月_____日　　　　　　　　　　　　　　　　　　　　　*Thursday* ｜ 周四

_____月_____日　　　　　　　　　　　　　　　　　　　　　*Friday* ｜ 周五

_____月_____日　　　　*Saturday* ｜ 周六　　　　_____月_____日　　　　*Sunday* ｜ 周日

第_____周

____月____日 *Monday* | 周一

____月____日 *Tuesday* | 周二

____月____日 *Wednesday* | 周三

___月___日 *Thursday* | 周四

___月___日 *Friday* | 周五

___月___日 *Saturday* | 周六

___月___日 *Sunday* | 周日

第___周

____月____日   *Monday* ｜ 周一

____月____日   *Tuesday* ｜ 周二

____月____日   *Wednesday* ｜ 周三

___月___日

___月___日

___月___日   *Saturday* | 周六

___月___日   *Sunday* | 周日

第_____周

_____月_____日 *Monday* ｜ 周一

_____月_____日 *Tuesday* ｜ 周二

_____月_____日 *Wednesday* ｜ 周三

___月___日 *Thursday* ｜ 周四

___月___日 *Friday* ｜ 周五

___月___日 *Saturday* ｜ 周六

___月___日 *Sunday* ｜ 周日

第____周

___月___日　　　　　　　　　　　　　　　　　　　　　　　*Monday* | 周一

___月___日　　　　　　　　　　　　　　　　　　　　　　　*Tuesday* | 周二

___月___日　　　　　　　　　　　　　　　　　　　　　　*Wednesday* | 周三

___月___日　　　　　　　　　　　　　　　　　　　　　　*Thursday* | 周四

___月___日　　　　　　　　　　　　　　　　　　　　　　*Friday* | 周五

___月___日　　　　*Saturday* | 周六

___月___日　　　　*Sunday* | 周日

第___周

_____月_____日

_____月_____日

_____月_____日

___月___日 *Thursday* | 周四

___月___日 *Friday* | 周五

___月___日 *Saturday* | 周六

___月___日 *Sunday* | 周日

第___周

___月___日 *Thursday* | 周四

___月___日 *Friday* | 周五

___月___日 *Saturday* | 周六

___月___日 *Sunday* | 周日

第_____周

Monday ｜ 周一

● ___月___日

Tuesday ｜ 周二

● ___月___日

Wednesday ｜ 周三

_____月_____日   *Thursday* | 周四

_____月_____日   *Friday* | 周五

_____月_____日   *Saturday* | 周六

_____月_____日   *Sunday* | 周日

第_____周

_____月_____日 | *Monday* | 周一

_____月_____日 | *Tuesday* | 周二

_____月_____日 | *Wednesday* | 周三

___月___日　　　　　　　　　　　　　　　　　　　　　　　　　　*Thursday* ｜ 周四

___月___日　　　　　　　　　　　　　　　　　　　　　　　　　　*Friday* ｜ 周五

___月___日　　　*Saturday* ｜ 周六　　　　　___月___日　　　*Sunday* ｜ 周日

第____周

___月___日　　　　　　　　　　　　　　　　　　　*Monday* | 周一

___月___日　　　　　　　　　　　　　　　　　　　*Tuesday* | 周二

___月___日　　　　　　　　　　　　　　　　　　*Wednesday* | 周三

___月___日   *Thursday* | 周四

___月___日   *Friday* | 周五

___月___日   *Saturday* | 周六

___月___日   *Sunday* | 周日

第_____周

_____月_____日 　　　　　　　　　　　　　　　　　　　　　　　　　　　*Monday* ｜ 周一

_____月_____日 　　　　　　　　　　　　　　　　　　　　　　　　　　　*Tuesday* ｜ 周二

_____月_____日 　　　　　　　　　　　　　　　　　　　　　　　　　*Wednesday* ｜ 周三

___月___日 *Thursday* | 周四

___月___日 *Friday* | 周五

___月___日 *Saturday* | 周六

___月___日 *Sunday* | 周日

第____周